INSPIRALIEN

60 Kurztouren um das Laufener Becken

IN ZUSAMMENARBEIT MIT

Impressum

1. Auflage März 2024

Verlag: Rothus Medien AG, Solothurn, www.rothusmedien.ch

Titelbild: Sicht vom Misteli auf den Vogelberg und den Stierenberg.

Konzept, Koordination: Pius Lombriser, Büsserach
Texte: Eva Sprecher, Breitenbach; Andrea Gerber, Laufen
Fotos: Pius Lombriser, Büsserach; Eva Sprecher, Breitenbach; Hanspeter Stebler, Nunningen; Katrin Wehrli, Zwingen; Andrea Gerber, Laufen; Liliane Müller, Nunningen
Finanzen: Hanspeter Stebler, Nunningen

Kartengrundlagen: outdooractive Kartografie; ©OpenStreetMap (www.openstreetmap.org)

Layout: Rothus Medien AG, Solothurn; Druck: Media Impression, Schönbühl

© Sämtliche in diesem Buch veröffentlichten Texte und Tourenfotos sind urheberrechtlich geschützt und dürfen nur mit schriftlicher Genehmigung der Rothus Medien AG verwendet werden.

Für Änderungen im Wegverlauf und in der Signalisation der Wanderwege wird keine Haftung übernommen. Die Benutzung der beschriebenen Tourentipps geschieht auf eigene Verantwortung.

ISBN 978-3-03865-106-2

Dieses Buchprojekt wird
unterstützt durch:

Inspiration

Mit diesem Buch möchten wir dich, liebe Leserin und lieber Leser, anregen, die landschaftliche Vielfalt um das Laufener Becken kennenzulernen. Die vorgeschlagenen Routen sollen inspirieren zum Entdecken, Improvisieren, Orientieren, Beobachten und Fit bleiben.

Die Touren laden dich, deine Familie und deine Freunde ein, in die hügelige, felsige und wunderschön geformte Landschaft des Falten- oder Kettenjuras einzutauchen. Sie wollen auch die Zusammenhänge einer intakten Natur aufzeigen und die wertvolle Pflege der Wiesen, Felder und Wälder durch Landwirte und Forstleute aufzeigen. Hügel und Täler, reiche Blumenwiesen, gestandene Buchen, Eichen und Föhren, aber auch ausgetrocknete Bäche und abgestorbene Bäume sollen uns zum Nachdenken anregen.

Lass dich inspirieren: Umwege und Abkürzungen? Ja, das gehört dazu! Du bist Forscher/-in und Entdecker/-in. Mit einer Karte in der Hand oder auf deinem Mobiltelefon erkundest du auf den Touren die Gegend, gehst auf Entdeckungsreise, stösst auf viel Spannendes und Überraschendes und wirst bestimmt feststellen, dass noch viel Unbekanntes am Wegrand zu finden ist.

Wie es zu diesem Buch kam

2017 organisierte Pius Lombriser ein Lauftraining, das sich an Pensionierte und Teilzeitarbeitende richtete. Daraus entwickelte sich die heutige Walking-Gruppe mit über 25 Teilnehmenden und ca. 15 Teilnehmer-/innen pro Anlass. Die Gruppe ist eine lose Verbindung, in der eine freundschaftliche Atmosphäre herrscht. Nach unzähligen gemeinsamen Touren keimte bei manchen Teilnehmenden die Idee auf, die Routen für sich und andere in einer leicht verständlichen Art zu erfassen und als Sammlung zu drucken. Aus 140 Touren, welche die Gruppe gemeinsam gewalkt hat, haben wir die 60 besten ausgewählt. Die Routen können alle in einem halben Tag abgelaufen und mit einer kurzen Anfahrt mit dem ÖV oder dem Auto erreicht werden. Sie sind ideal für eine Sonntagstour mit der Familie, den Enkeln, dem Verein oder Freunden.

Dank

Ein grosser Dank gebührt allen, die zum Gelingen des Buches beigetragen haben. Wir durften vom grossen Fachwissen der Rothus Medien AG, Solothurn, profitieren und wurden kompetent beraten und begleitet.

Verschiedene Sponsoren haben uns grosszügig unterstützt, dafür bedanken wir uns sehr herzlich. Die Liste der Sponsoren ist am Schluss des Buchs aufgeführt. Ein besonderer Dank geht an alle, die mitgeholfen haben, die Touren zu beschreiben und stimmungsvolle Bilder mit der Kamera einzufangen.

Der Wiesensalbei liebt trockene, sonnige Wiesen.

Hinweise

Sämtliche Wanderungen mit zwei Ausnahmen sind als Rundwanderung konzipiert. Die Start- und Endpunkte sind mit dem öffentlichen Verkehr oder mit dem Auto gut erreichbar.

Die Wanderungen sind in drei Kategorien unterteilt:

EINFACH **MITTEL** **FORDERND**

Touren, in welchen schwierige Passagen vorkommen, sind auf der Karte mit einem Wanderschuh gekennzeichnet, was Trittsicherheit bedeutet. Diese ist eine Voraussetzung für eine sichere Begehung dieser Wegstrecken.

Die Kilometerangaben, die Höhenmeter und die berechneten Laufzeiten sind im Streckenprofil ersichtlich. Besonderheiten zur Route sind unter Wissenswertes aufgeführt.

Die Routen beinhalten teils Wanderwege, jedoch auch Wege und Pfade, die nicht als Wanderwege gekennzeichnet sind. Um die Routen gut ablaufen zu können, ist es ratsam, Karten, elektronisch oder in Papierform, mitzunehmen und jederzeit den Standort zu kennen. Eine digitale Wanderkarte mit eingeschaltetem GPS-Signal unterstützt die Orientierung. Verschiedene Apps helfen bei der Tourenplanung und unterwegs.

Möchtest du unterwegs Tiere, Pflanzen, Hügel und Berge kennenlernen, dann findest du im Buchhandel zahlreiche Bestimmungsbücher und auf dem Mobiltelefon eine grosse Auswahl an Apps über Pilze, Pflanzen, Insekten, Lurchen, Vögel, Tierspuren, Hügel, Berge u.v.m. Die App PeakFinder erkennt 350 000 Berge weltweit. Sie zeigt auch die Sonnen- und Mondbahn mit den sichtbaren Auf- und Untergangszeiten am jeweiligen Standort an. Mit der App Flora Incognita können Wildpflanzen anhand von Fotos einfach identifiziert werden. Praktisch ist die Beobachtungsliste der eigenen Pflanzenfunde.

Symbole

Verschiedene Symbole auf den Karten geben Hinweise auf besondere Standorte wie Haltestellen des öffentlichen Verkehrs, Sehenswürdigkeiten, Aussichtspunkte und mehr.

 Postautohaltestelle

 Bahnhof SBB

 Parkplatz

 Feuerstelle

 Berghütte/Gasthaus

 Kirche/Kapelle

 Burg/Ruine

 Trittsicherheit

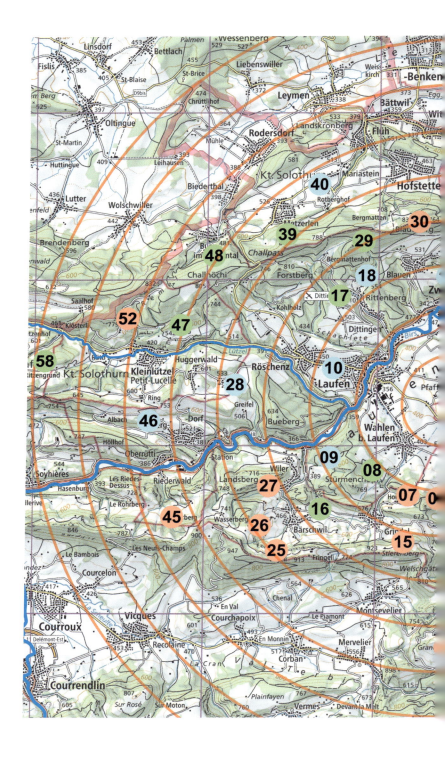

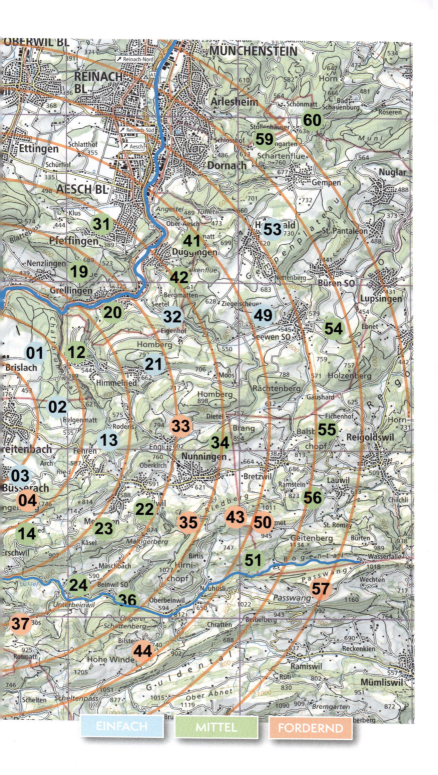

Inhaltsverzeichnis

01	Höhlen und Brücken	Brislach, Dorf	2 h 25 min
02	Schlucht und Schneeglögglimatte	Breitenbach, Dorfplatz	2 h 35 min
03	Wälschi Ramsele und Riesenbuche	Büsserach, Schulhaus	2 h 05 min
04	Schloss und Wildi Löcher	Büsserach, Alte Mühle	2 h 45 min
05	Badi und Müliholenfels	Büsserach, Ziegelhütte	1 h 45 min
06	Felswand und Kreuzweg	Büsserach, Alte Mühle	2 h 15 min
07	Chrüzlifels und Ruine Neuenstein	Büsserach, Ziegelhütte	2 h 45 min
08	Stürmenchopf und Römer	Wahlen, Petersplatz	2 h 30 min
09	Birs und Planeten	Laufen, Bahnhof	2 h 50 min
10	Stedtli und Dorf	Laufen, Bahnhof	1 h 50 min
11	Kleinblauen und Blauen	Zwingen, Schulhaus	2 h 10 min
12	Historisch und wildromantisch	Grellingen, Bahnhof	2 h 55 min
13	Rauschend und hochspannend	Fehren, Postmuseum	2 h 20 min
14	Föhren und Linde	Erschwil, Dorf	2 h 45 min
15	Röschtigraben und Gratwanderung	Grindel, Oberdorf	2 h 45 min
16	Kalköfen und viel Klang	Grindel, Oberdorf	2 h 05 min
17	Kirschbäume und Segelflugzeuge	Dittingen, Dorf	2 h 50 min
18	Trockenwiese und Bänglifels	Dittingen, Dorf	2 h 25 min
19	Glögglifels und Burgruine	Nenzlingen, Dorfplatz	2 h 30 min
20	Gezähmt und wild	Grellingen, Bahnhof	2 h 30 min
21	Moos und Bruder Klaus	Himmelried, Dorf	2 h 00 min
22	Regenberg und Wasserfall	Meltingen, Gemeindezentrum	1 h 55 min
23	Bergmatte und Wallfahrtskirche	Meltingen, Gemeindezentrum	2 h 25 min
24	Hammerschmiede und Bachmättli	Beinwil, Reh	2 h 15 min
25	Gebirge und Aussichten	Bärschwil, Dorf	3 h 30 min
26	Mistel und Vögeli	Bärschwil, Dorf	2 h 30 min
27	Roti Flue und Jurarösli	Bärschwil, Dorf	2 h 25 min
28	Huggerwald und Buechwald	Kleinlützel, Huggerwald	2 h 30 min
29	Kreuz und Spitz	Blauen, Dorfplatz	2 h 35 min
30	Eselgrabe und Chälegraben	Blauen, Dorplatz	3 h 00 min
31	Wein und Burgen	Aesch, Bahnhof	2 h 35 min
32	Felsblöcke und Quellen	Grellingen, Bahnhof	2 h 15 min
33	Balmchopf und Wolf	Nunningen, Oberkirch	2 h 50 min
34	Häxeblätz und Unterbrand	Nunningen, Oberkirch	2 h 40 min
35	Geist und Hirnichopf	Nunningen, Oberkirch	3 h 00 min
36	Widder und Hochaltar	Beinwil, Reh	2 h 20 min
37	Bachlauf und Kräutergarten	Beinwil, Bachmättli	3 h 00 min
38	Um und über den Grand Mont	Beinwil, Ober-Bös (Bachmättli)	3 h 30 min
39	Kraftort und Jugendherberge	Challhöchi	2 h 40 min
40	Vom Kloster ins Paradies	Metzerlen, Allmendhalle	2 h 10 min
41	Kletterfelsen und Treppen	Duggingen, Bahnhof	2 h 15 min

Heufalter und Bienen tummeln sich auf Alantblüten.

EINFACH **MITTEL** **FORDERND**

42	Falkenflue und Baslerbrünneli	Duggingen, Bahnhof	2 h 25 min
43	Wasserfall und Spitzkehren	Nunningenberg	2 h 00 min
44	Skilift und Skihütte	Beinwil, Schachen	3 h 05 min
45	Teufels-Chuchi und Bauern-Chuchi	Liesberg, Riederwald	3 h 25 min
46	Ammoniten und Amphibien	Liesberg, Seemättli	2 h 05 min
47	Gämsen und Grotte	Kleinlützel, Frohmatt	2 h 40 min
48	Remelturm und Schützengraben	Challhöchi	2 h 55 min
49	Felssturz und Musikautomaten	Seewen, Musikautomaten	1 h 55 min
50	Baumallee und Kreten	Nunningenberg	2 h 30 min
51	Weiher und Holzflösserei	Beinwil, Neuhüsli	2 h 55 min
52	Grenzsteine und Felsen	Kleinlützel, Frohmatt	3 h 00 min
53	Eichenberg und Tannmatt	Hochwald, Dorfzentrum	2 h 15 min
54	Lachmatt und Baslerweiher	Seewen, Musikautomaten	3 h 00 min
55	Chueweid und Glögglifrosch	Bretzwil, Eichhöhe	2 h 15 min
56	Höfe und Mauerreste	Bretzwil, Eichhöhe	2 h 00 min
57	Vogelberg und Bättlerchuchi	Passwang	2 h 55 min
58	Martiswald und Schattenberg	Kleinlützel, Chlösterli	2 h 45 min
59	Aussichtsturm und Ermitage	Gempen, Dorf	2 h 55 min
60	Bad und Burg Schauenburg	Gempen, Dorf	2 h 40 min

Das Kloster Beinwil ist von sanften Bergen umrahmt.

01

Höhlen und Brücken

Brislach – Chaltbrunnetal – Brislach

EINFACH

Im Chaltbrunnetal kann man viele Höhlen entdecken.

Wissenswertes

4.1 km Verschiedene Höhlen und Infotafeln des Karstlehrpfades.

6.1 km Holzbrücke über den Ibach, danach nach rechts aufsteigen.

7.1 km Nach einem kurzen Stück auf der Strasse in der zweiten Kurve nach links in den Waldpfad einbiegen und in Richtung Neumatt und Brislach laufen.

Routenbeschrieb

Wir starten bei der Bushaltestelle Brislach Dorf, überqueren das Usserfeld und treten bei Im feistere Bode in den Wald ein. Über die Brislachallmet erreichen wir das Chaltbrunnetal. Unterwegs bietet sich ein herrlicher Blick auf die Birs und auf Grellingen. Das feuchte, kühle Tal ist hier reich an Höhlen. Wir folgen einem Teil des Karstlehrpfades, wo verschiedene Tafeln Auskunft über die Höhlenentstehung, Ur- und Frühgeschichte, Höhlenforschung und Höhlentiere geben. Die Schlucht ist ein Waldreservat und steht unter Schutz. Ein wildromantischer Weg führt dem Ibach entlang und vorbei an unzähligen vermoosten Baumstämmen, Felsen und Farnen. Schliesslich überqueren wir eine Holzbrücke am Ibach und steigen rechts zur Rüchi und Challmet hoch. Über die Neumatt kehren wir zurück nach Brislach und geniessen unterwegs die Aussicht auf die umliegenden Hügel.

02

Schlucht und Schneeglögglimatte

Breitenbach – Rüchi – Breitenbach

EINFACH

Umgestürzte Baumstämme verleihen dem Tal einen besonderen Reiz.

Wissenswertes

1.6 km Abzweigung in den Neumattweg.

2.8 km Wegschlaufe bei Challmet, danach Abzweigung in den Chaltbrunneweg.

3.7 km Kleine Brücke über den Ibach, dann nach rechts dem Bach auf der linken Seite folgen.

4.8 km Rechts in den Pfad abbiegen und an der Schneeglögglimatte vorbei aufsteigen.

6.8 km Bei der Helgenmatt links abbiegen und weiter durch die Kirschplantagen.

Routenbeschrieb

Die Strecke führt von der Bushaltestelle Breitenbach Dorfplatz beim ehemaligen Spital vorbei und über Wiesen mit schönem Blick auf die umliegenden Hügel. Anschliessend mündet der Weg in den Wald ein und steigt zum feuchten, kühlen Chaltbrunnetal ab. Am Ibach befinden sich eine Holzbrücke und eine Feuerstelle. Ein Ort zum Verweilen! Der Bach schuf über Jahrtausende viele Höhlen, in denen steinzeitliches Werkzeug gefunden wurde. Diese einzigartige Karstlandschaft steht unter Schutz. Hier werden keine Bäume gefällt, Baumstämme bleiben liegen. Der idyllische Weg wird begleitet von Wasserfällen und imposanten Felsen. Danach steigt der Weg an, vorbei am Littstelchöpfli und dem Leenenchöpfli, mehrheitlich im Wald. Dort stossen wir auf die Schneeglögglimatte, im Frühling ein wunderbares Blütenmeer. Kurz vor der Helgenmatt verlassen wir den Wald, überqueren Wiesen und Kirschplantagen und gelangen zurück nach Breitenbach.

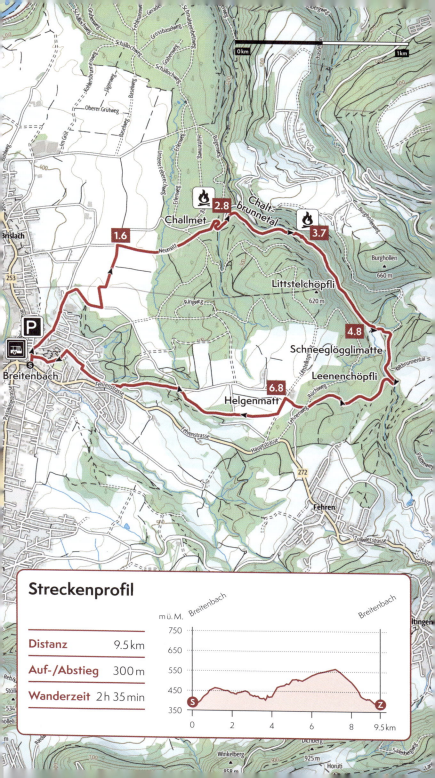

03
Wälschi Ramsele und Riesenbuche

Büsserach – Siglisberg – Spitzacker – Büsserach

EINFACH

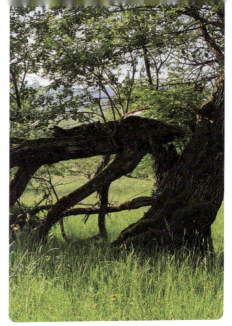

Ein wettererprobter, alternder Baum am Waldrand.

Wissenswertes

2.2 km Waldweg verlassen, rechts in den Pfad einbiegen.

2.7 km Blick auf Wahlen, Laufen und Röschenz mit dem Stürmenchopf, Haute Aibaiteuse, Bueberg, Roti Flue, Remel u.v.a.

4.2 km Grösste Buche von Büsserach.

6.3 km Wunderbare Aussicht über das Laufener Becken. Richtung Süden Sicht auf den Moretchopf, den Stierenberg und den Chienberg.

Routenbeschrieb

Nach der Postautohaltestelle Büsserach Schulhaus führt der Weg in die Schulstrasse. Wir biegen links in die Grabenackerstrasse ein und gelangen über die Niederfeldstrasse zu den letzten Häusern. Durch das Eichenwäldli steigen wir zur Kirschenplantage auf. Die Strecke führt leicht steigend über verschiedene Pfade rund um das Naturschutzgebiet Riedgraben, wo uns oft schon Ende März blühende Narzissen «Wälschi Ramsele» bezaubern. Weitere über 300 verschiedene einheimische Pflanzen gedeihen dort. Wir überqueren beim Schützenhaus die Fehrenstrasse, folgen dem Pfad im Wald und umrunden den Hügel beim Stutzplatz. Der Weg führt weiter zu einer Infotafel der Solothurner Waldwanderungen, die über eine riesige Buche mit einem Stammumfang von 4.6 Metern informiert. Wir wandern über den Spitzacker durch den Wald zurück nach Büsserach. Diese Strecke verläuft abschnittsweise auf derselben Route wie die 8. Solothurner Waldwanderung. Mehrere Posten vermitteln Wissen über den Wald und deren Bewohner.

04

Schloss und Wildi Löcher

Büsserach – Lingenberg –
Wildi Löcher – Büsserach

FORDERND

Stolz steht Neu Thierstein auf einem Felssporn.

Wissenswertes

1.8 km Aussichtspunkt Chemiflue.
2.2 km Wildi Löcher.
3.9 km Aussichtspunkt.
4.7 km Abbiegung nach links Richtung Büsserach.

Anspruchsvolle Kretenwanderung, die Trittsicherheit erfordert.

Die Burg Schloss Thierstein wurde um 1100 gegründet. 1798 wurde sie zum Abbruch versteigert, konnte dann aber vor einer weiteren Zerstörung bewahrt werden. 1997 stürzte ein Teil der Ruine ein und wurde in Beton neu aufgebaut.

Routenbeschrieb

Die Tour über den Lingenberg ist wunderschön! Von der Postautohaltestelle Alte Mühle in Büsserach steigen wir die Stufen neben der Mühle hinauf, laufen an der Kirche vorbei und rechts in die Pfarrgasse. Beim Friedhof biegen wir in den Schlossweg ein und folgen diesem bis zum Schloss Neu Thierstein. Die Wegweiser der Solothurner Waldwanderungen weisen uns den Weg. Dieser führt in Serpentinen der Krete entlang bis zur Chemiflue, einem wunderbaren Aussichtspunkt. Wir folgen dem Pfad in Kretennähe und wandern bei den Wildi Löcher vorbei. Tafel 7 der 8. Solothurner Waldwanderung erklärt die Entstehung der vor 160 Mio. Jahren im subtropischen Jura-Meer entstandenen Kalksteine und die später gebildeten Felsspalten. Wir laufen an einer Lichtung vorbei zum nächsten Aussichtspunkt, folgen kurz der Starkstromleitung und biegen dann links ab. Es geht steil abwärts zum nächsten Aussichtspunkt. Nun wenden wir uns nach links und gelangen über den Stutzplatz und den Spitzacker zurück nach Büsserach.

05
Badi und Müliholenfels

Büsserach – Müliholenfels – Chrüzlifels – Büsserach

MITTEL

Das markante Kreuz auf dem Chrüzlifels oberhalb Büsserach.

Wissenswertes

1.8 km Einstieg zum Müliholenfels.

2.2 km Aussicht auf Erschwil und Hohe Winde.

3.5 km Aussicht auf die Höfe Ried, Chalchofen und die Portiflue.

4.1 km Sicht auf den Blaueberg und das Dorf Blauen.

Der Weg auf den Müliholenfels ist ein Geheimtipp, der auf keiner Karte eingezeichnet ist.

Er erfordert Trittsicherheit. Die Aussicht auf dem Müliholenfels und die abwechslungsreiche Kretenwanderung sind die Entschädigung dafür!

Routenbeschrieb

Bei der Postautohaltestelle Ziegelhütte in Büsserach überqueren wir die Lüssel und wenden uns bei der Fischzucht nach links. Der Weg führt dem Bachlauf entlang nach Erschwil. Der Bach ist gut zugänglich, an der Schwelle bei der Vormatt kann man sogar baden. Eingangs Erschwil durchqueren wir ein Firmengelände und erreichen dann die Niederebnetstrasse. Der Einstieg in den nicht markierten Waldpfad, der uns auf den Müliholenfels führt, befindet sich 40 m nach Punkt 475 . Nach einem steilen Aufstieg erwartet uns eine schöne Aussicht auf Erschwil und die Hohe Winde. Wir steigen noch ein bisschen höher bis zur Krete und wenden uns nach Westen. Der Kretenweg führt entlang der Gemeindegrenze zwischen Erschwil und Büsserach. Beim Erreichen der Strasse biegen wir scharf rechts ab. Auf dem Weg über die Langi Flue zum Ausgangspunkt passieren wir verschiedene Aussichtspunkte. Sehr imposant ist der Ausblick vom Chrüzlifels ins Lüsseltal und auf die Ruine Neu Thierstein.

06
Felswand und Kreuzweg

Büsserach – Chienberg – Büsserach

FORDERND

Herbststimmung mit Hochstelleli und Hoher Winde.

Wissenswertes

1.0 km Aussicht auf Blaueberg, Blauen, Nenzlingen und Eggflue.
2.6 km Einstieg in den Weg auf den Gipfel des Chienberg.
4.6 km Kreuzweg.
5.0 km Chrüzlifels, Aussicht auf Burgruine Neu Thierstein, Erschwil.

Für den Aufstieg auf den Chienberg ist Trittsicherheit erforderlich. Eine Alternative ist, bei km 2.6 geradeaus zu gehen und über den östlichen Grat auf- und abzusteigen.

Routenbeschrieb

Von der Postautohaltestelle Alte Mühle in Büsserach gehen wir ein Stück Richtung Breitenbach und biegen in die Wahlenstrasse ein. Beim Wegkreuz verlassen wir die Strasse. Der Weg führt an der Sankt Anna Kapelle vorbei und zweigt nach dem Zilhof links ab. Hier fällt unser Blick zurück auf das Laufener Becken, den Blaueberg und die Eggflue. Im Wald nehmen wir rechts den steilen Weg und umlaufen den Chienberg. Beim Bergsattel biegt links ein schmaler Pfad auf den Chienberg ab. Unter der imposanten Felswand, wo wir einen freien Blick auf den Stürmenchopf haben, wenden wir uns nach links. Ab jetzt brauchen wir schon mal die Hände, um den Weg hochzuklettern. Oben angekommen, sind wir von wildromantischen Föhren umgeben. Nun steigen wir auf dem einfacheren Weg dem östlichen Grat entlang ab. Die Schlaufe über die Langi Flue führt uns an Kreuzwegstationen vorbei und zum Chrüzlifels, von wo wir einen direkten Blick auf die Burgruine Neu Thierstein, das Lüsseltal und Erschwil haben.

07

Chrüzlifels und Ruine Neuenstein

Büsserach – Ruine Neuenstein – Büsserach

FORDERND

Auf dem Bännlifels steht ein Gipfelkreuz.

Wissenswertes

1.0 km Chrüzlifels, Aussicht auf die Burgruine Neu Thierstein und Erschwil.

2.0 km Sicht auf die andere Talseite, den Chesselgraben, den Hof Chalchofen und die Portiflue.

4.1 km Sicht zwischen dem Stürmenchopf und dem Bännlifels auf Wahlen und Laufen.

4.9 km Abzweigung nach rechts vor dem Dorf Grindel.

6.1 km Kleiner Weg zum Wahlebach hinunter, Überquerung der Hauptstrasse, Weg zur Bachmatt.

Routenbeschrieb

Wir starten bei der Bushaltestelle Ziegelhütte in Büsserach und überqueren die Lüssel bei der Fischzucht. Danach folgen wir rechts dem Weg bergauf bis zum Wegweiser Chrüzlifels. Hier steigen wir steil den Wald hinauf und erreichen einen ersten Aussichtspunkt. Der Blick vom Chrüzlifels ins Tal ist beeindruckend. Wir bleiben vorerst im Wald, steigen am Rand einer Lichtung leicht hinunter und danach hinauf Richtung Chienberg. Hier erwartet uns der zweite Aussichtspunkt mit Blick über das Lüsseltal. Weiter geht es unter der Felswand des Chienberg nach Grindel, wo wir vor dem Dorf rechts in einen Pfad abbiegen. Wir überqueren die Wahlenstrasse und biegen etwas weiter oben in den Waldweg ein. Ein kleiner Pfad bringt uns auf den Hügel der Ruine Neuenstein, wo noch spärliche Überreste der Ruine sichtbar sind. Am Fuss der Ruine führt ein Weg zum Wahlebach hinunter. Wir überqueren die Hauptstrasse, wandern durchs Bännli, am Hof Bachmatt mit seinem Mammutbaum vorbei und zurück nach Büsserach.

Streckenprofil

Distanz	9.2 km
Auf-/Abstieg	435 m
Wanderzeit	2 h 45 min

08

Stürmenchopf und Römer

Wahlen – Stürmenchopf – Wahlen

MITTEL

Wahlen, Pfaffenberg und die Eggflue.

Wissenswertes

2.3 km Abzweigung zum Gipfel des Stürmenchopf

3.1 km Aussichtsplattform mit Sicht auf das Laufener Becken: Röschenz, Laufen, Blauen, Zwingen, Brislach und Breitenbach.

5.3 km Rechts abbiegen, den Waldpfad zurück nach Wahlen nehmen.

Es stecken einige Höhenmeter in der relativ kurzen Wanderung, daher erfordert sie etwas Kondition. Die Wege sind einfach zu begehen, der Aufstieg auf den Gipfel ist gut zu bewältigen.

Routenbeschrieb

Der Stürmenchopf ist das Wahrzeichen des Laufentals. Der markante, kegelförmige Berg ist von allen Seiten, sei es von Norden, Osten, Süden oder Westen, sichtbar. Viele Wege führen hinauf; heute erklimmen wir ihn von Wahlen her. Wir starten bei der Postautohaltestelle Petersplatz und biegen in den Kundmattweg und Hinterleymenweg ein. Unser Ziel, der Stürmen, liegt direkt vor uns. Linker Hand erhebt sich der Chienberg. Die beiden Berge sind mit 768 und 769 m fast gleich hoch. Es geht stetig aufwärts, die gelben Wanderwegzeichen zeigen uns den Weg bis zum Pfad, der auf den Gipfel führt. Kurz vor dem höchsten Punkt weist uns ein Wegweiser die Richtung zur Aussichtsplattform. Anschliessend steigen wir noch ganz hinauf, wo wir auf die Überreste einer alten römischen Warte stossen. Nach dem Abstieg wenden wir uns nach links, um den Stürmenchopf zu umrunden. Beim Punkt km 5.3, kurz nach dem Waldrand, biegen wir rechts in einen Waldpfad ein, der uns hinunter zur Strasse und zurück ins Dorf bringt.

09

Birs und Planeten

Laufen – Bärschwil Station – Spanngraben – Laufen

EINFACH

Ein Modell des Saturns auf dem Planetenweg.

Wissenswertes

1.1 km Zwergplanet Pluto.
1.3 km Panzersperre.
3.7 km Stürmenbach mit Wasserfall.
7.5 km Blockhütte Hüttenboden.
8.5 km Aussicht ins Thierstein und auf das Laufener Becken.

Die einfache Wanderung im Stürmengebiet führt über weite Strecken entlang des Planetenwegs des Verkehrsvereins Laufen. Auf dem Planetenweg lässt sich das massstabgetreue Sonnensystem erwandern. Der Rundwanderweg misst 6.2 km. Der Nenzlinger Bildhauer Stefan Schnell schuf die Exponate.

Routenbeschrieb

Wir starten hinter dem Bahnhof Laufen Richtung Güterstrasse und Korkstrasse und nehmen den Mühlenweg, der dem Bahngleis und der Birs entlang Richtung Bärschwil führt. Schon kurz nach den letzten Häusern fällt links am Weg eine Skulptur auf: Ein Modell von Pluto, der nach seiner Entdeckung im Jahr 1930 zum neunten Planeten unseres Sonnensystems erklärt, aber 2006 zum Zwergplaneten degradiert wurde. Wir passieren eine alte Panzersperre und gehen weiter den Schienen entlang bis zum ehemaligen Bahnhof Bärschwil. 50 m vor der Hauptstrasse zweigen wir links ab Richtung Stürmenhof. Kurz darauf stossen wir auf einen wildromantischen kleinen Bach mit Wasserfall. Nach dem Aufstieg im Spanngraben biegen wir bei Punkt 561 🔵 rechts in einen Pfad ein und steigen zum Ringweg des Stürmenchopf auf. Bei km 7.5 gelangen wir zum Hüttenboden mit einer einladenden Blockhütte und Feuerstelle. Auf dem Abstieg geniessen wir am Waldrand die beeindruckende Aussicht ins Thierstein und in das Laufener Becken.

10
Stedtli und Dorf

Laufen – Bromberg – Röschenz – Flue – Laufen

EINFACH

Der tosende Wasserfall Lauffen im Städtli Laufen.

Wissenswertes

2.2 km Panoramatafel beim Reservoir.

4.3 km Sicht ins Laufener Becken mit der Eggflue, dem Blauen, Homberg und Passwang.

5.7 km Panorama wie vorher, zusätzlich Blick Richtung Süden zur Hohen Winde und zum Stürmenchopf.

7.0 km Birsfall «Lauffen».

Für Interessierte lohnt sich ein Besuch des Museums Laufental im Stedtli. Das Museum zeigt Objekte aus der Geschichte des Laufentals. Die in einem Anbau des Museums ausgestellte Fossiliensammlung des Laufentalers Peter Borer ist sehr sehenswert.

Routenbeschrieb

Vom Bahnhof Laufen gehen wir über die Birsbrücke und durch das Obertor ins «Stedtli». Durch das Untertor verlassen wir die Altstadt und wenden uns nach der Unterführung nach rechts in die Lochbruggstrasse. Hinter dem ehemaligen Spital führt links der Rebenhöheweg auf den Bromberg. Von hier sehen wir direkt auf die Gassen der Altstadt und die beiden Stadttore. Beim Reservoir gibt uns eine Panoramatafel Auskunft über die Namen der gegenüberliegenden Hügel. Wir haben auch einen schönen Blick auf die vorgelagerten Dörfer. Schon bald erreichen wir Röschenz, durchqueren das Dorf und nehmen den Weg rechts an der Kirche vorbei auf die Flue. Dem Waldrand entlang und über das Röschenzfeld gelangen wir zurück nach Laufen. Über die Hinterfeldstrasse erreichen wir den Vorstadtkreisel und gehen erneut über die Brücke. Flussaufwärts blickend lauschen wir dem Rauschen des Wassers über dem Birsfall Lauffen, von welchem die Stadt ihren Namen hat.

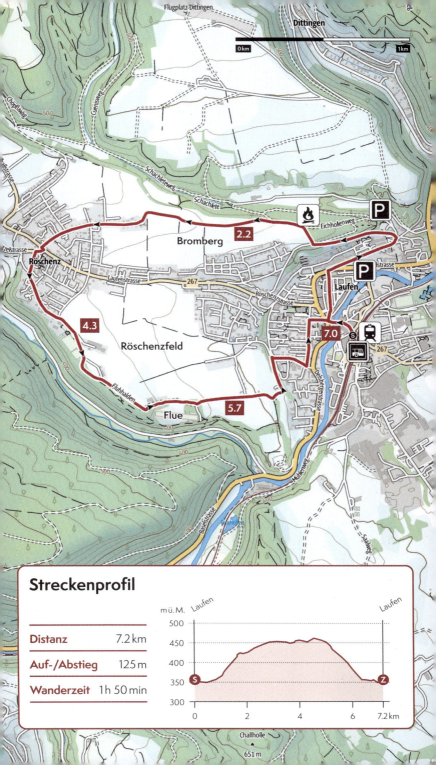

Die Herbstzeitlose blüht im Herbst und ist giftig.

11
Kleinblauen und Blauen

Die schmucke Kapelle St. Wendelin in Kleinblauen.

Zwingen – Kleinblauen – Blauen – Zwingen

EINFACH

Wissenswertes

2.5 km Kapelle St. Wendelin.
5.1 km Kapelle St. Josef.

Empfehlung: Besichtigung des Schlosses Zwingen und der neu gestalteten Auengebiete rund um das Schloss Zwingen.

Die im Ärstel gefundenen Haifischzähne sind Versteinerungen in Meeresablagerungen. Diese Schichten wurden später hoch gefaltet. Wind, Wasser oder Gletscher legten schliesslich die Fossilien an der Erdoberfläche frei. Sie bezeugen, dass diese Ablagerungen von einem Ozean stammen.

Routenbeschrieb

Wir starten bei der Postautohaltestelle Schulhaus in Zwingen, gehen dem Friedhofweg entlang bis zur Birs hinunter und über die Brücke. Nun wenden wir uns nach Norden bis zur Baselstrasse, nehmen die Unterführung zur anderen Strassenseite und halten uns dann rechts. Am Ende des Galgenackerwegs führt ein Grasweg zum Kleinblauenweg. Ein Abstecher zum Hof Kleinblauen mit dem grossen Brunnen, in welchem Karpfen schwimmen, und zur Kapelle St. Wendelin lohnt sich. Im Norden befindet sich der ehemalige Steinbruch Ärstel, wo im 19. Jh. Fossilien, darunter Haifischzähne, gefunden wurden. Diese sind im Museum Laufental aufbewahrt. Vorbei an der Adelsegg erreichen wir Blauen. Am Ausgang des Dorfes biegen wir bei der schmucken Kapelle St. Josef links in den Feldweg ein. Auf dem Weg Richtung Zwingen sehen wir hinunter auf die Industriezone, das Siedlungsgebiet und das Schloss Zwingen.

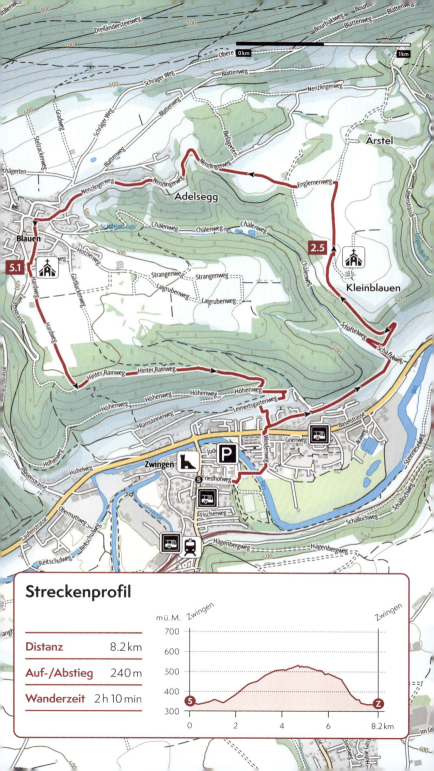

12

Historisch und wildromantisch

Grellingen – Chaltbrunnetal – Chastelbach – Grellingen

MITTEL

Der historische Wappenfelsen im Chessiloch.

Wissenswertes

1.7 km Wappenfelsanlage Chessiloch.
8.2 km Abzweigung zum Chastelbach nach dem Wegkreuz.

Im Chessiloch waren während des ersten Weltkriegs Grenzsoldaten stationiert, um die Bahnlinie und Brücke zu bewachen. Mitglieder von rund 60 Einheiten bemalten die bestehenden Felswände mit verschiedenen Wappen und symbolischen Figuren.

Beim Abstieg nach Grellingen entlang des Chastelbachs ist Trittsicherheit erforderlich.

Als Alternative kann der Bus an der Haltestelle Waldeck nach Grellingen genommen werden.

Routenbeschrieb

Die Tour startet beim Bahnhof Grellingen Richtung Chessiloch und Himmelried. Wir wandern der Bahnlinie entlang und erreichen nach 1.7 km das Chessiloch mit den imposanten Wappenfelsen, ein militärisches und historisches Denkmal, das im ersten Weltkrieg entstanden ist. Danach gehen wir dem Ibach entlang durch das wildromantische Chaltbrunnetal. Diverse Höhlen und unzählige Feuerstellen laden zum Entdecken und Verweilen ein. Dem Ibach folgend erreichen wir nach 6 km die Roderisweid. Hier geht es weiter nach links auf einem schönen, breiten Waldweg Richtung Eggental und Baumgarten. Im Ortsteil Steffen folgen wir den Wegzeichen des offiziellen Wanderwegs nach Grellingen. Bei der Steffenschmiede verläuft der Weg etwa 300 m auf der Hauptstrasse Nunningen-Grellingen. Kurz nach dem Eintritt in den Wald verlassen wir die Strasse und schreiten links dem Chastelbach entlang hinunter zum Ausgangsort.

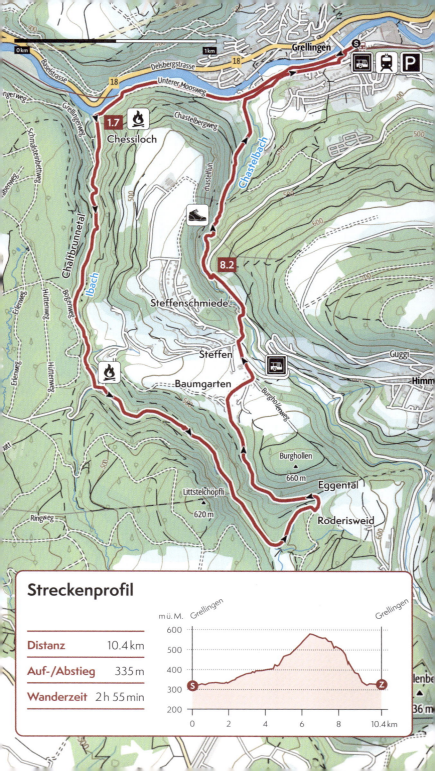

13

Rauschend und hochspannend

Fehren – Roderis – Eichlenberg – Fehren

EINFACH

Lauschig fliesst der Ibach bei Fehren und Zullwil.

Wissenswertes

3.1 km Sicht auf den Chänschberg und Balmchopf.
3.9 km Panorama mit Stürmenchopf, Roti Flue, Remel.
4.3 km Einbiegen in den Gratweg.
6.1 km 50 m vor dem Mast der Hochspannungsleitung rechts in den Wald einbiegen.

Eine einfache Tour, welche sich für alle Jahreszeiten eignet.
Eine Einkehrmöglichkeit gibt es im Landgasthof Roderis.

Routenbeschrieb

Ausgangspunkt ist die Postautohaltestelle Fehren Postmuseum. Ein Parkplatz befindet sich bei der Kirche. Durch das Wohngebiet von Fehren führt der Weg zur Lämmlismatt. Nach zweimaligem Rechtsabbiegen leitet uns der Waldweg über den rauschenden Ibach. 300 m nach der Brücke wandern wir rechts dem Waldrand entlang und erreichen Roderis. Dort überqueren wir die Strasse und steigen den Waldweg hinauf bis zu km 4.3. Nun nehmen wir den kleinen Weg auf dem Grat, der in den Goletenweg mündet. Diesem folgen wir bis zum Mast der Hochspannungsleitung, traversieren die Lichtung und laufen nach rechts der Hochspannungsleitung entlang weiter. Bei km 6.1 schwenken wir rechts in den Pfad ein und kommen zur Schützenhausstrasse. Auf der Grellingerstrasse laufen wir an der Mühle vorbei und biegen links in den Bachtelenweg ein, umlaufen die ARA rechts und überqueren den Ibach. Nach 250 m stossen wir auf den teilweise asphaltierten Weg, der uns zur Kirchstrasse und zum Ausgangspunkt führt.

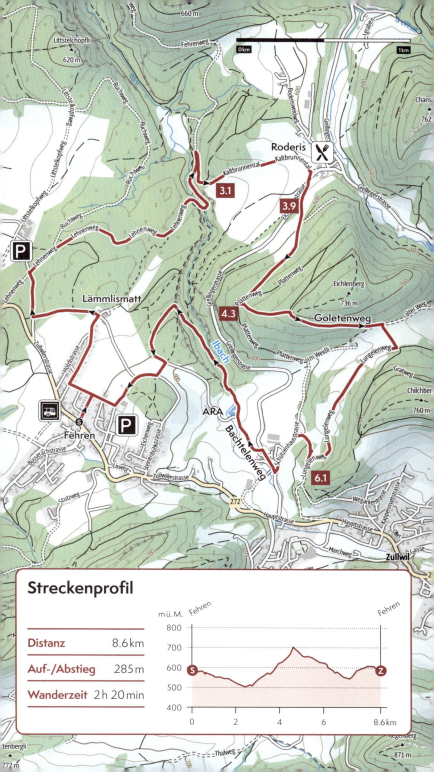

14
Föhren und Linde

Erschwil – Chesselgraben – Chäsel – Erschwil

MITTEL

Eine Linde markiert den Weg zum Fasnachtshübel.

Wissenswertes

2.6 km Auf der Lichtung Hingerschloss rechts Sicht auf den Ried- und Dichtberg.

4.2 km Bei fünf markanten Föhren Aussicht auf Meltingen, Nunningen, Balsberg und Bretzwil und nach Westen auf Räschberg und Bueberg.

4.8 km Aussicht westwärts in den Jura mit Fringeliflue, Stürmenchopf und Roti Flue.

Eine schöne Tour, umgeben von Magerwiesen und zahlreichen Möglichkeiten zum Picknicken.

Routenbeschrieb

Wir beginnen bei der Postautohaltestelle Erschwil Dorf und laufen der Schmelzistrasse und der Lüssel entlang Richtung Norden. Rechts erblicken wir das renovierte Schloss Thierstein. Wir überqueren die Büsserachstrasse und gehen 400 m in gleicher Richtung weiter. Nach den letzten Häusern beim Wegkreuz biegen wir rechts in den Mettenbergweg ein und nehmen beim Punkt 656 ① rechts den Waldpfad. Am Waldausgang gelangen wir über einen Trampelpfad zum Hof Hinterbühl und auf den asphaltierten Riedweg. Bei den fünf Föhren folgen wir den Wegweisern nach Erschwil. Nach dem Chalchofen steigen wir am Waldrand zum Chäsel, mit 840 m Höhe dem höchsten Punkt der Tour, auf. Dort zweigt der Weg nach einem Picknickplatz rechts ab und führt am Hochstelleli vorbei bis Punkt 608 ② hinunter. Auf dem asphaltierten Chäselweg schwenken wir bei der grossen Linde in den Feldweg ein. Am Waldrand führt der Pfad über den Fasnachtshübel und an der Blockhütte vorbei nach Erschwil zurück.

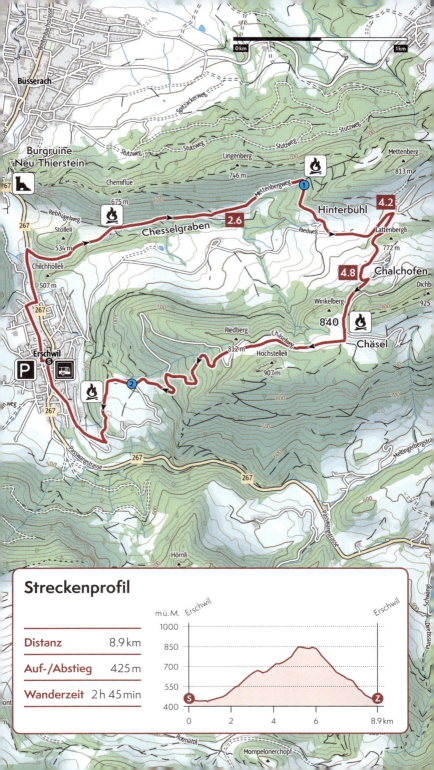

15

Röschtigraben und Gratwanderung

Grindel – Welschgätterli – Hoggen – Stierenberg – Grindel

FORDERND

Der Chienberg und Blauenberg über dem Nebelmeer.

Wissenswertes

1.6 km Osten: Sicht auf Erschwil und das Lüsseltal, umrahmt vom Lingenberg, Hochstelleli und Hohe Winde. Westen: Grindel, Roti Flue und Stürmenchopf.

3.3 km Lichtung Gringel mit Rastplatz.

4.1 km Hoggen: Sicht auf Eggflue, Nunningen, Lingenberg, Passwang, Hohe Winde.

4.2 km Aussicht ins Welschland: Hasenmatt, Mont Raimeux, Chasseral, Moron.

7.0 km Clubhütte Stierenberg.

Die Kretenwanderung über den Stierenberg ist wild und romantisch.

Die Clubhütte Stierenberg ist sonntags geöffnet.

Routenbeschrieb

Wir verlassen Grindel ostwärts über die Erschwilerstrasse und erklimmen den Gupf, wo jedes Jahr am ersten Sonntag im Oktober Zugvögel beobachtet und gezählt werden. Weiter geht es über das Nieder- und Oberbergli. Immer wieder fällt unser Blick auf die umliegenden Dörfer und Hügel. Unterhalb des Tagesziels, des Hoggen, steigen wir steil durch den Wald hinauf, passieren eine schöne Lichtung mit Rastplatz und gelangen zum Welschgätterli, dem südlichsten Punkt unserer Wanderung. Jetzt wenden wir uns nach Norden und erreichen der Krete entlang den Aussichtspunkt auf dem Hoggen. Weit über 200 Hügel können bei guten Verhältnissen in der Schweiz, in Deutschland und Frankreich beobachtet werden. Im Osten von der Eggflue bis zur Hohen Winde, im Süden, 50 m vom Aussichtspunkt entfernt, die welsche Seite mit der Hasenmatt, dem Mont Raimeux und dem Chasseral. Auf gewundenen Pfaden folgen wir der Krete des Stierenberg. 40 m vor der Clubhütte Stierenberg steigen wir durch den Wald nach Grindel hinab.

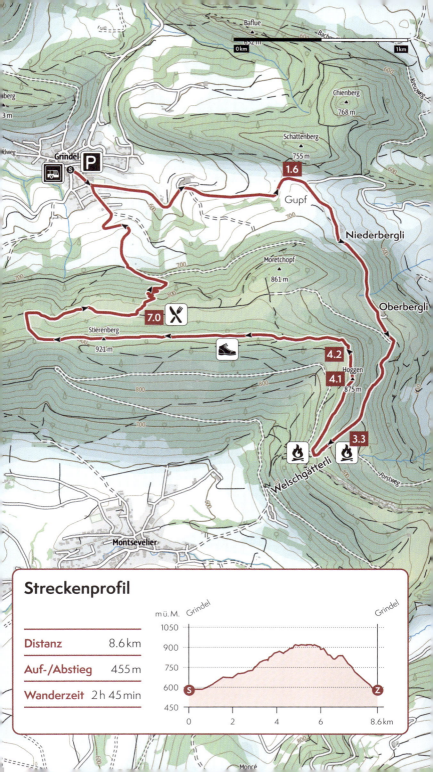

16

Kalköfen und viel Klang

Grindel – Schrungen – Bärschwil – Nasenfels – Grindel

MITTEL

Singende Sägeblätter auf dem Klangweg.

Wissenswertes

1.3 km Hof Schrungen: Links die Burgholle, rechts der Mätteberg und der Stürmenchopf, in der Mitte Bärschwil und Unterwiler.

4.6 km Chatzeloch: der Weiher wurde 2021 erstellt und eingeweiht.

5.3 km Nasenfels mit Blick zum Stierenberg und zur Fringeliflue.

Der steile Aufstieg zum Nasenfels erfordert Trittsicherheit.

In den Kalköfen Stritteren wurde von 1873 bis ca. 1900 Kalk gebrannt. Beim Brennen von Kalkstein bei 1000° C mithilfe von Koks entstand Branntkalk und danach mit Wasser Sumpfkalk, der sich mit Sand und Wasser zu Kalkmörtel mischen liess. Nach 1900 zerfielen die Öfen.

Routenbeschrieb

Wir starten in Grindel bei der Bushaltestelle Oberdorf. Die Strecke führt über den Hof Schrungen, wo wir eine wunderbare Aussicht nach Norden haben. Kurz nach Bärschwil wandern wir an einer Mariengrotte vorbei, laufen um den Burghollen und stossen auf den Weiher im Chatzeloch. Unterhalb der Strasse, beim Einstieg zum Mätteberg, befinden sich die historischen Kalköfen Stritteren. Sie sind die einzigen erhaltenen Kalköfen der Nordwestschweiz und ein sehenswertes Industriedenkmal. Nach einem steilen Aufstieg erreichen wir den Nasenfels, wo sich uns ein fantastischer Rundblick zum Stierenberg und der Fringeliflue bietet. Stets steigend folgen wir dem Weg weiter bis zum Grenzstein Bärschwil - Grindel - Laufen. Dort gelangen wir über einen schmalen Pfad hinunter in den Waldweg. Kurz vor Grindel führt der Weg an der Hollenhütte und dem Klangweg vorbei. Letzterer überrascht mit einigen Posten, an welchen mit Klängen experimentiert werden kann.

17

Kirschbäume und Segelflugzeuge

Dittingen – Chäppeli – Burgchopf – Egghütte – Dittingen

MITTEL

Winterruhe auf dem Dittingerfeld.

Wissenswertes

2.3 km Rundblick über die Gemeinden des Birsbeckens, Aussicht auf das Hügelpanorama von Eggflue, Portiflue, Hohe Winde und Ober Fringeliflue.

4.5 km Pfad zum Burgchopf mit Aussicht auf Mont Raimeux und weitere Jurahöhen.

Eine Route, die gut mit Kindern ab Schulalter absolviert werden kann.

Einkehrmöglichkeit: Restaurant Bergmattenhof.

Der Flugplatz Dittingen mit seiner rund 700 m langen Start- und Landebahn auf Gras wird von einer privaten Segelfluggruppe betrieben. Überregional bekannt sind die Dittinger Flugtage.

Routenbeschrieb

Von der Postautohaltestelle Dittingen Dorf folgen wir ein Stück der Dorfstrasse aufwärts bis zum Weg links Richtung Flugplatz. Ein kurzer Aufstieg zum Dittingerfeld, ein kleines Stück auf dem asphaltierten Weg und wir sind auf dem Dittingerfeld mit fantastischem Ausblick auf Laufen, Wahlen, Büsserach und den Passwang. Auf dem unteren Weg durchqueren wir eine eindrucksvolle Plantage mit zahlreichen Hochstamm-Kirschbäumen. Der Weg führt am Chäppeli vorbei bis zum Waldrand. Hier wenden wir uns nach rechts und nach einem kurzen Abschnitt im Wald öffnet sich ein Blick auf das Dittinger Flugfeld. An Flugtagen herrscht hier reger Betrieb mit Segel- und Motorflugzeugen. Nun steigen wir zum Burgchopf auf. Auf dem Kulminationspunkt des Weges nehmen wir den Pfad zum Gipfel auf 690 m, wo sich eine prächtige Aussicht präsentiert. Danach geht es steil bergab zum Bergmattenhof. Wir wenden uns bei Punkt 696 🔵 nach Süden, umrunden den Ottmart und gelangen an der Egghütte vorbei zurück ins Dorf.

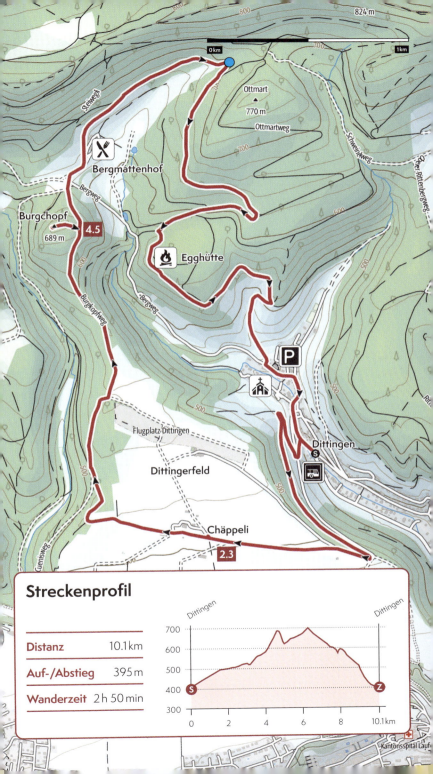

18

Trockenwiese und Bängglifels

Dittingen – Uf Egg – Rittenberg – Dittingen

EINFACH

Von Dittingen führt ein Weg zum Flugplatz.

Wissenswertes

1.6 km Aussicht auf Dittingen und Breitenbach.

5.4 km Blockhütte, Einstieg in das «Dräggwägli».

5.9 km Pfad zum Bängglifels. Hügelpanorama mit Homberg, Portiflue, Hirnichopf, Hohe Winde, Grand Mont und andere mehr.

7.8 km Picknickplatz.

Routenbeschrieb

Die Strecke verläuft durch das Naturschutzgebiet Dittinger Weide, eine Trockenwiese von nationaler Bedeutung mit zahlreichen seltenen Pflanzen und Insekten. Von der Postautohaltestelle Dittingen Dorf gehen wir aufwärts und biegen nach der Kirche St. Nikolaus rechts in einen Pfad ein. Wir treffen auf eine malerische Wiese mit Hecken und Büschen und kurz darauf auf vier mächtige Linden. Unser Weg führt am Waldrand nach links. Bei km 1.6 werfen wir einen Blick auf das Dorf Dittingen, umrunden dann Uf Egg und bleiben im Wald oberhalb des Chälengraben. Nach der Forsthütte Im Schweinel drehen wir nach Süden und folgen dem Waldweg durch den Rittenberg bis Punkt 481 🔵. Wer Lust hat, sucht den versteckten Einstieg zum Bängglifels. Dort haben wir freie Sicht auf das Tal, imposanter ist aber der Blick auf das Hügelpanorama des Schwarzbubenlandes. Auf dem Rückweg entlang des Rittenbergholen kommen wir zu einem grossen Rastplatz mit Feuerschale und Brunnen und wieder zurück nach Dittingen.

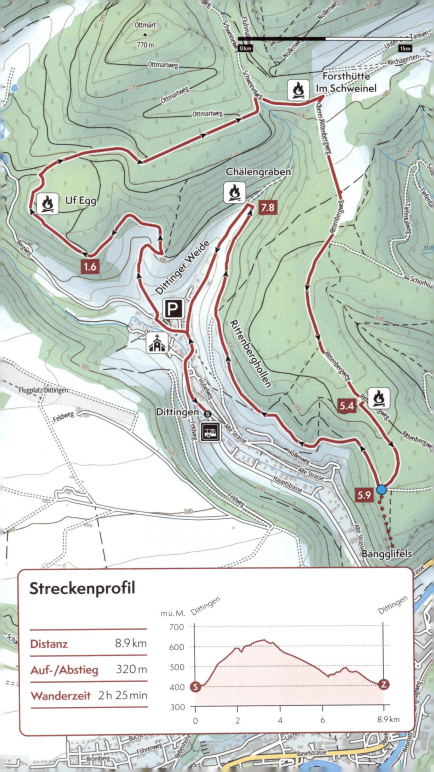

Streckenprofil

Distanz	8.9 km
Auf-/Abstieg	320 m
Wanderzeit	2 h 25 min

19

Glögglifels und Burgruine

Nenzlingen – Ruine Pfeffingen – Eggflue – Nenzlingen

MITTEL

Der Glögglifels ist ein historischer Passübergang.

Wissenswertes

1.4 km Letzi Glögglifels.
3.1 km Burgruine Pfeffingen.
5.4 km Aussichtspunkt Eggflue.
7.2 km Links abbiegen zum Weidstall.

Bei Schiessbetrieb erfolgt der Einstieg über den Grellingerweg. Nach dem Schiessstand links in den Waldpfad einbiegen.

Der Glögglifels entstand wahrscheinlich im Zusammenhang mit der Burg Pfeffingen. Die Nordseite zeigt die Wappen von Bern und Basel mit der ehemaligen Kantonsgrenze, die Südseite eine Fratze und Inschrift. Um Durchgang zu erhalten, wurde an der Glocke geläutet, damit der Wächter kam.

Routenbeschrieb

Wir starten bei der Bushaltestelle Nenzlingen Dorfplatz, laufen auf dem Pfeffingerweg an der Kirche vorbei und folgen den Wegweisern Grossi Weid. Bei km 1.4 erreichen wir den Letzi Glögglifels, einen bemalten Felsen und historischen Passübergang. Dieser steht am gemeinsamen Grenzpunkt der Gemeinden Grellingen, Nenzlingen und Pfeffingen und dürfte schon von den Römern angelegt worden sein. Der Weg verläuft über die Grossi und Chlini Weid zur Ruine Pfeffingen. Hier informieren Tafeln über die Burggeschichte. Wir nehmen den gleichen Weg zurück und gehen danach am Rebhang und an der Rüttimatt vorbei. Durch das Baumtor steigen wir hinauf zur Grossi Weid mit bester Rundsicht. Der Weg führt weiter zur Eggflue mit Blick von Basel bis Grellingen und vom Schwarzwald bis zum Passwang. Eine Panoramatafel und eine Grillstelle laden zu einem Halt ein. Der Abstieg verläuft rechts um den Sendeturm. Beim Punkt 602 🔵 biegen wir links ab, laufen bis zum Weidstall hinunter und zurück ins Dorf Nenzlingen.

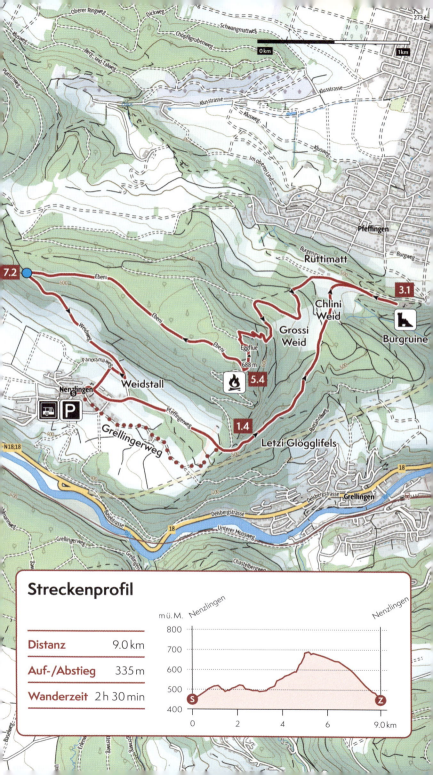

20
Gezähmt und wild

Grellingen – Seebach – Chastelbach – Grellingen

MITTEL

Das Baslerbrünneli ist eine Quelle im Pelzmühletal.

Wissenswertes

0.7 km Links in den Waldweg einbiegen.
1.4 km Pfad Richtung Baslerbrünneli.
2.3 km Brücke über den Seebach.
5.2 km Aussicht auf Eggflue, Ruine Pfeffingen und Basel.

Erhöhte Vorsicht beim Begehen der Hauptstrasse Nunningen – Grellingen.

Beim Abstieg nach Grellingen entlang des Chastelbachs ist Trittsicherheit erforderlich.

Als Alternative kann der Bus an der Haltestelle Waldeck nach Grellingen genommen werden.

Routenbeschrieb

Der Start erfolgt am Bahnhof Grellingen über den Bahnübergang zur Seewenstrasse. Wir folgen dieser und biegen links in einen steilen Waldweg ein. Danach laufen wir zum Baslerbrünneli, kreuzen die Strasse und gehen hinunter zum Seebach, der bereits in Seewen gezähmt wurde. Gegen Ende des 19. Jahrhunderts erschloss die Stadt Basel im Seetel 40 Quellen für die Wasserversorgung. Wir überqueren den Bach und folgen seinem Lauf abwärts. An der nächsten Weggabelung bleiben wir links auf dem höheren Weg, der nach Westen führt. Wir werfen einen Blick auf die Eggflue, die Ruine Pfeffingen und auf Basel und biegen dann bei der Steffenschmiede in die Grellingerstrasse ein. Nach dem Wegkreuz verlassen wir diese wieder und tauchen ins wildromantische Chastelbachtal mit seinen Felsblöcken und umgestürzten Baumstämmen ein. Der Kontrast des rauschenden Chastelbachs zum gezähmten Seebach ist eindrücklich. Wir steigen zur Chastelmatte ab und kehren zum Bahnhof zurück.

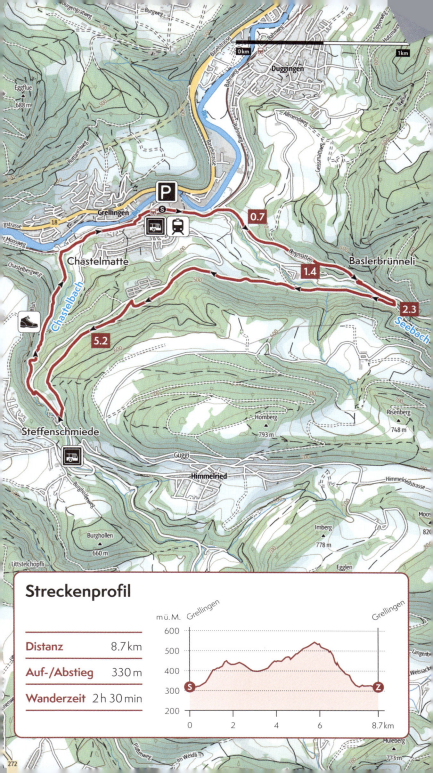

Liebliche Hügel prägen das Schwarzbubenland.

21

Moos und Bruder Klaus

Himmelried – Homberg – Himmelried

EINFACH

Ein geschmückter Bildstock am Weg zum Eigenhof.

Wissenswertes

1.1 km Parkplatz für Anfahrt mit Auto.
3.0 km Grosser Grillplatz mit markanter Wettertanne.
4.2 km Schöner Aussichtspunkt gegen Norden mit Bänkli.

Nach einem guten Leben mit seiner grossen Familie zog Niklaus von Flüe 1467 als Pilger fort und liess sich als Einsiedler im Ranft nieder, wo er betete und fastete. Ratsuchende Menschen aus nah und fern liessen sich von ihm beraten und stärken. Als Friedensheiliger wird er heute weltweit verehrt.

Routenbeschrieb

An der Bushaltestelle Himmelried Dorf folgen wir der Strasse Richtung Eigenhof/Seewen. Bei Punkt 670 🔵 steigen wir hinauf zum Waldrand, wo wir auf eine Feuerstelle und eine schöne Aussicht auf die Agglomeration Basel stossen. Auf einem leicht ansteigenden Waldweg halten wir uns bei der Weggabelung rechts und biegen dann rechts ab. Dem Waldrand entlang gelangen wir an einen schönen Grillplatz mit grosser Wettertanne. Am Ende der Lichtung nehmen wir rechts einen Trampelpfad, bleiben immer auf der Krete, passieren zwei schöne Bänkli mit Aussicht auf die Hohe Winde im Süden und auf das Gempenplateau im Nordosten. Beim Kreuzen des Waldwegs treffen wir auf einen Bildstock von Bruder Klaus. Weiter auf der Krete erreichen wir auf der Gemeindegrenze von Himmelried und Seewen nochmals einen schönen Aussichtspunkt. Wir verlassen den Wald, rechts dem Wegweiser folgend, und halten uns rechts Richtung Himmelried. Ein Grasweg führt vom Hof Moos zur Himmelriedstrasse.

22
Regenberg und Wasserfall

Sicht auf Portiflue, Chilchberg und die Vogesen.

Meltingen – Meltingerberg – Ibach – Meltingen

MITTEL

Wissenswertes

2.0 km Wegweiser Richtung Nunningenberg.

3.1 km Kreuzung, links abbiegen für die einfache Route auf einem Waldweg.

4.1 km Abzweigung zur Burgruine Gilgenberg.

Eine einfache Tour mit Ausnahme des Teilstücks dem Ibach entlang, das Trittsicherheit erfordert.

Als Alternative kann man bei km 3.1 den auf der Karte gestrichelten Waldweg nehmen.

Einkehrmöglichkeit: Restaurant Meltingerberg.

Routenbeschrieb

Die Postautohaltestelle und der Parkplatz befinden sich beim Gemeindezentrum Meltingen. Der Weg führt uns die Hauptstrasse entlang Richtung Regenberg und Meltingerberg. Kurz vor der Linkskurve biegen wir bei einer Hecke in einen schmalen Pfad ein, dem wir bis zum Meltingerberg folgen. Der Wegweiser zeigt uns den Weg entlang des Zaunes in Richtung Nunningenberg. Hier geniessen wir die Aussicht auf Nunningen mit dem Müleberg, Buechenberg und dem Homberg. Weiter geht es Richtung Nunningenberg. Nach der Lichtung kreuzen wir den Waldweg und halten uns jetzt immer links dem Ibach entlang. Für diese Passage beim Wasserfall ist Trittsicherheit erforderlich. An den kritischen Stellen sichern wir uns an den dort angebrachten Ketten. Nach der Burgruine Gilgenberg folgen wir dem asphaltierten Weg nach Zullwil, biegen auf der Hauptstrasse bei der Postautohaltestelle nach links in den Marchweg ein und nehmen den Wanderweg dem Wald entlang über die March zurück zum Ausgangspunkt.

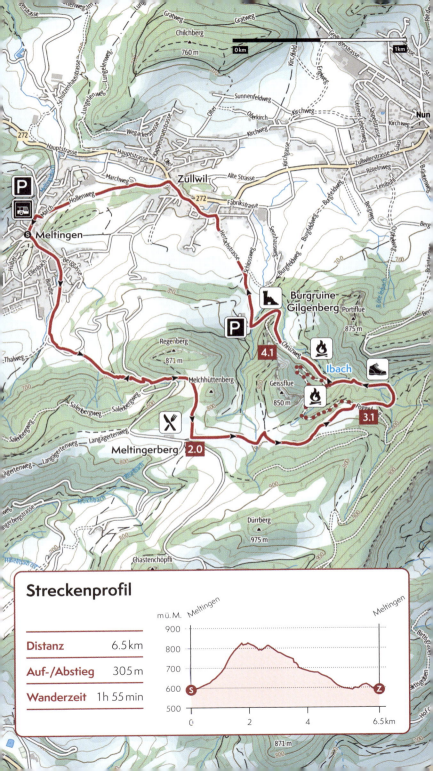

23

Bergmatte und Wallfahrtskirche

Meltingen – Meltingerberg – Chäsel – Meltingen

MITTEL

Der Pfad auf dem Meltingerberg führt über Weiden.

Wissenswertes

2.2 km Restaurant Meltingerberg.
2.6 km Bergmatte (Trockenwiese von nationaler Bedeutung), Aussichtspunkt.
4.8 km Rastplatz Chäsel.
5.9 km Fünf Föhren, Aussichtspunkt.

Ein Besuch der schmucken Kirche Meltingen mit ihren vielen Kunstschätzen lohnt sich. Auf der Webseite der Gemeinde Meltingen erfährt man Interessantes zur Geschichte der Meltinger Wallfahrtskirche.

Einkehrmöglichkeit: Restaurant Meltingerberg.

Routenbeschrieb

Diese Tour beginnt an der Bushaltestelle Meltingen Gemeindezentrum. Wir folgen dem Wanderzeichen zum Meltingerberg. Nach 700 m biegen wir bei einer Hecke links in einen schmalen Pfad ein, auf dem wir bis zum Meltingerberg bleiben. Auf der Lichtung Regenbergrüti haben wir Aussicht auf den Chienberg und den Stürmenchopf. Nach dem Wegweiser nach Breitenbach laufen wir beim Bergrestaurant Meltingerberg an mächtigen Linden und Eichen, danach an einer geschützten Bergmatte vorbei. Entlang der Krete der Horüti mit Sicht zur Hohen Winde, zum Trogberg und Grand Mont erreichen wir den Chäsel, gehen weiter zum Grillplatz und steigen dann links den Waldweg zum Chalchofen ab. Bei den fünf Föhren nahe des Güggelhofs bietet sich uns erneut eine prächtige Aussicht auf Meltingen, Zullwil, Nunningen und rechts auf die markante Portiflue. Der Weg führt hier halbrechts dem Pfad entlang durch das Lättenbergli. Beim Wegkreuz zweigt die Route nach links ab und führt zur Dorfkirche und zurück nach Meltingen.

24

Hammer-schmiede und Bachmättli

Beinwil, Reh – Schlössli – Möschbach – Beinwil

MITTEL

Die Hammerschmiede wird mit Wasserkraft angetrieben.

Wissenswertes

0.6 km Rechts abbiegen in den Feldweg zum Neuhof.
5.3 km Rechts abbiegen in die Strasse zum Häueli.

Eine schöne Wanderung, die zu einem guten Teil auf asphaltierten Strassen stattfindet.

Die Hammerschmiede gehörte ursprünglich dem Kloster Beinwil und wurde erstmals 1693 erwähnt. 1874 wurde sie verkauft und gelang in Privatbesitz. Bis in die 1970er Jahre wurde hier geschmiedet. Sie ist heute noch betriebsfähig, schön restauriert und steht unter Denkmalschutz.

Routenbeschrieb

Unser Startpunkt ist die Postautohaltestelle Beinwil Reh. Dort steht die schmucke Hammerschmiede mit zwei Wasserrädern. Die Lüssel liefert die notwendige Energie zum Schmieden. Wir überqueren die Lüssel und nehmen die Strasse nach Schwängi. Bei der nächsten Gabelung biegen wir rechts in den Feldweg ein. Vorbei am Neuhof laufen wir auf der Strasse in den Wald bis zum Schlettgraben, dem wir abwärts bis zum Bachmättli folgen. Dort überqueren wir die Passwangstrasse und biegen kurz darauf in die Strasse nach rechts ein. Der Aufstieg dem Möschbach entlang führt uns an Weiden und Gehöften vorbei. Bei der Abzweigung zum Meltingerberg halten wir uns rechts und schwenken wenig später nach der Weggabelung nach Obermöschbach in den Weg zum Häueli. Hochstammobstbäume und die Sicht auf den Trogberg und den Grand Mont prägen das Bild. Beim Hof Schürli endet die Strasse. Danach bringt uns ein Feldweg über die Flanke mit eindrücklicher Aussicht hinunter nach Unterbeinwil zum Ausgangsort zurück.

25

Gebirge und Aussichten

Bärschwil – Retemberg –
Ober Fringeliflue – Bärschwil

FORDERND

Der Hof Nieder Fringeli mit dem Chienberg und Brang.

Wissenswertes

4.0 km Retemberg, Aussicht auf Vicques, Vellerat, Mont Raimeux und das Val Terbi.

5.5 km Sicht auf Stürmenchopf, Chienberg, «das Gebirge» mit Hirnichopf u.v.a.

7.3 km Sicht auf Bärschwil, Bärschwil Wiler und die dahinter liegenden Juraketten.

Eine Top Wanderung, die Trittsicherheit und Ausdauer erfordert. Die Aussichten sind fantastisch.

Einkehrmöglichkeit: Naturfreundehaus Retemberg.

Routenbeschrieb

Von Bärschwil aus hoch hinaus und wieder hinunter – eine abwechslungsreiche Wanderung und eine grandiose Aussicht sind der Lohn für die Anstrengung! Wir biegen in die erste Strasse rechts oberhalb der Postautohaltestelle Dorf ein und gehen bergauf, erklimmen den Falchriedberg und laufen westwärts am Hof Vögeli vorbei. Schon hier haben wir eine schöne Sicht ins Tal. Die gelben Wanderwegweiser zeigen uns die Route zum Retemberg, wo wir im Süden den Mont Raimeux erkennen. Ab hier laufen wir zwischen Föhren auf dem Grat entlang, der die Kantonsgrenze zwischen Jura und Solothurn bildet. Lücken zwischen den Bäumen oberhalb der Felswand erlauben uns unerwartet schöne Ausblicke auf die Hügelzüge des Thiersteins. Kein Wunder, wird dieses Gebiet von der hiesigen Bevölkerung «das Gebirge» genannt! Nach etwa drei Kilometern auf dem Grat weist uns ein gelber Wegweiser den Weg zum Abstieg. Über die Höfe Ober Fringeli und Hasel gelangen wir zurück nach Bärschwil.

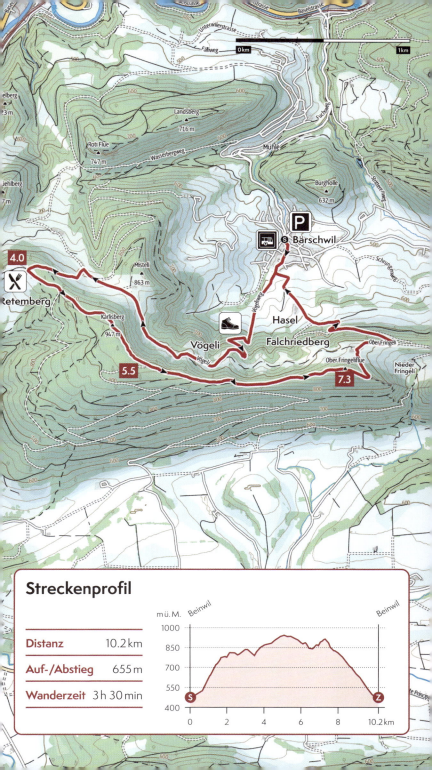

26

Misteli und Vögeli

Bärschwil – Grosse Rütti – Misteli – Vögeli – Bärschwil

FORDERND

Ein lohnenswerter Blick von Misteli zu Haute Aibaiteuse und La Joux.

Wissenswertes

2.2 km Einstieg in das Tobel.
4.3 km Blick auf Roti Flue, den Hof Wasserberg und dahinter Liesberg.
5.5 km Aussicht auf Blaueberg, Eggflue, Laufen und die Dörfer Nenzlingen, Blauen und Zwingen.
5.9 km Wanderweg in den Wald, Abstieg.

Der Abstieg durch den Modlen ist steil, festes Schuhwerk ist wichtig. Weiter unten am Bach muss mit feuchtem und teils rutschigem Boden gerechnet werden.

Routenbeschrieb

Diese Wanderung führt uns von Bärschwil in die Höhe mit schönem Blick aufs Laufental. Von der Bushaltestelle Dorf laufen wir hinunter zum Dorfbrunnen, dann links in die Kurzäckerlistrasse und in den Rüttiweg. Es lohnt sich, beim Aufstieg zur Grosse Rütti zurückzuschauen und die Aussicht auf Grindel und den Stürmenchopf zu geniessen. Nach Eintritt in den Wald bestaunen wir rechts die imposante Felswand der Roti Flue, die auf unserem Weg über weite Strecken gut sichtbar ist. An der nächsten Weggabelung halten wir uns links und steigen durch das Tobel und der Flanke des Banholz entlang hinauf. Beim Hof Misteli erreichen wir den höchsten Punkt, sanft absteigend nehmen wir den Weg Richtung Vögeli. Kurz vor dem Hof bietet sich abseits des Weges eine schöne Sicht auf den Blauen, auf Bärschwil, Wiler und das Laufener Becken. Der Weg führt am Hof vorbei zum Waldrand. Jetzt geht es im Wald steil abwärts und dann dem Bachlauf entlang zurück nach Bärschwil.

27
Roti Flue und Jurarösli

Bärschwil – Grossi Rütti – Roti Flue – Bärschwil

FORDERND

Blick von der Roti Flue gegen den Spitzebüelberg.

Wissenswertes

1.4 km Aussicht auf Wiler, Birstal, Eggflue, Schwarzwald, Stürmenchopf.

3.0 km Pfad und Aufstieg zur Roti Flue und zum Naturschutzgebiet Jurarösli.

3.4 km Aussicht auf den Hof Wasserberg und den Retemberg.

5.0 km Aussicht auf Liesberg, den Räschberg und den Remelspitz.

Der Aufstieg zur Roti Flue ist steil und erfordert Trittsicherheit, die Flue kann auf einfacherem Weg auch von Norden her erreicht werden. Der Aussichtspunkt befindet sich links vom Schutzzaun.

Routenbeschrieb

Der Weg führt von der Bushaltestelle Bärschwil Dorf zum Dorfbrunnen hinunter, dann links in die Kurzäckerlistrasse und in den Rüttiweg. Von da an geht es stetig bergauf, vorerst auf einer geteerten Strasse. Der Aufstieg wird schon bald mit einer schönen Sicht auf Bärschwil und dahinter Grindel belohnt. Bei der Grossen Rütti präsentiert sich eine Weitsicht ins Birstal und über die Eggflue bis in den Schwarzwald. Ab jetzt laufen wir im Wald bergab und auf der anderen Seite des kleinen Tales wieder hinauf zur Bärschwiler Jagdhütte. Hinter der Hütte, auf der Höhe des Brunnens, finden wir etwas versteckt den steilen Pfad, der direkt auf die Roti Flue und in das Naturschutzgebiet des Juraröslis oder Flaumigen Seidelbasts *(Daphne cneorum* L.) führt. Die seltene Pflanze blüht im Mai rot, sie wird bis 30 cm hoch und kommt in der Schweiz vor allem im Jura vor. Wir folgen dem Pfad 500 m der Krete entlang, um dann auf der Nordseite der Fluh über Wiler zurück ins Dorf zu gelangen.

28
Huggerwald und Buechwald

Huggerwald – Greifel – Bueberg – Huggerwald

EINFACH

Der Weg führt am Hof Greifel vorbei.

Wissenswertes

2.2 km Abzweigung nach links abwärts.

2.6 km Rechts vom Bueberg Sicht auf den Stürmenchopf, die Hohe Winde, den Stierenberg und die Roti Flue.

5.1 km Spitzkehre und Aufstieg im Buechwald.

Routenbeschrieb

Der Start erfolgt bei der Postautohaltestelle Huggerwald. Wir gehen aufwärts Richtung Liesberg, an der Kirche vorbei und verlassen den Weiler. Dann biegen wir links in einen Feldweg ein. In der Senke sehen wir Nieder-Huggerwald, voraus blicken wir auf den Bueberg und den Stürmenchopf. Wir durchqueren den Greifelboden und laufen über die Kantonsgrenze weiter in Richtung Greifel. Der Weg führt links am Hof Greifel vorbei und steil abwärts. Der Hof liegt an einem Osthang mit schöner Sicht Richtung Süd-Osten. Bei der engen Kurve im Wald passieren wir innert wenigen Metern die drei Gemeinden Liesberg, Röschenz und Laufen. Nun wenden wir uns nach Süden, machen bei km 5.1 eine Spitzkehre und folgen dem Weg nach Norden durch den Wald vom Bueberg. Am Waldausgang, auf dem Lööli, erkennen wir den Chall, den Brunneberg und etwas tiefer den Burgchopf. Dem Waldrand entlang gelangen wir zurück zum Ausgangspunkt Huggerwald.

29
Kreuz und Spitz

Blauen – Mätzerlechrüz – Hofstettenspitz – Blauen

MITTEL

Die schlichte Tafel zeigt die Namen und Richtung der umliegenden Hügel.

Wissenswertes

4.6 km Mätzerlechrüz, Abzweigung nach rechts.

5.0 km Aussichtspunkt, etwas unterhalb des Pfades. Bei guter Sicht Blick auf die Alpen.

5.9 km Hofstettenspitz.

6.4 km Aussicht auf die Hofstetter Bergmatte und ins Elsass.

Auf dem flachgründigen südexponierten Boden der Blauenweide entwickelte sich dank der Jahrhunderte dauernden, extensiven Bewirtschaftung ein artenreicher Magerrasen. Die traditionelle Beweidung förderte zahlreiche wärme- und trockenheitsliebende Tier- und Pflanzenarten.

Routenbeschrieb

Wir starten bei der Bushaltestelle Dorfplatz in Blauen. Links der Kirche geht es die Emmengasse hoch und wir erreichen nach dem Schützenhaus das Naturschutzgebiet Blauenweide. Im Frühling präsentieren sich die Magerwiesen glanzvoll mit ihren farbenprächtigen Pflanzen. Bei der Abzweigung Rüti halten wir uns links, wo sich eine Weitsicht über das Laufental und die bewaldeten Jurahöhen bis zur Hohen Winde öffnet. Über den Chälengraben führt der Weg im Zickzack über den Ottmart zur Flüematt. Unterwegs stossen wir auf eine Feuerstelle mit Blick bis zum Chall. Nach einer weiteren Spitzkehre biegen wir rechts in einen Pfad zum Mätzerlechrüz ein. Auf dem Rücken des Radme folgen wir dem Weg zum Blauepass. Auf der Kantonsgrenze SO/BL laufen wir über den Hofstettenspitz Richtung Blattepass. Wir blicken über die Hofstetter Bergmatte bis ins Elsass. Die Sicht reicht von der Lauchfluh bis zum Mont Soleil. . Ein Pfad führt auf der Schulter des Hanslefelsens zurück zum Ausgangspunkt.

30
Eselgrabe und Chälegraben

Blauen – Chremer – Chälegraben – Blauen

FORDERND

Ein prächtiger Weg führt den Chälegraben hinauf.

Wissenswertes

1.5 km Einstieg in den Waldpfad.
2.9 km Felsen der Burgruine Fürstenstein mit Grillplatz. Beim Picknickplatz kann man durch eine Felsöffnung, das Felsentor, auf eine sehenswerte, überdeckte Brücke gelangen.
4.9 km Einstieg in den Chälegraben.
5.6 km Picknickplatz und Spielwiese.
8.3 km Sicht auf das Laufener Becken.

Zur Bewältigung der vielen Höhenmeter erfordert die Wanderung etwas Ausdauer.

Einkehrmöglichkeit: Restaurant Bergmatten.

Routenbeschrieb

Von der Postautohaltestelle Blauen Dorfplatz laufen wir über den Steigenweg zum Schrägen Weg. Begleitet von Kirschbaumplantagen erreichen wir den Waldsaum. Bei den Oberen Reben steigen wir steil aufwärts bis zur Krete des Chremer hinauf. Am Wegkreuz folgen wir dem Pfad bis zum Eselgrabe. Wir kreuzen den Felsentorweg und machen einen Abstecher zur Burgruine Fürstenstein. Danach laufen wir links den Felsen entlang und gelangen an den Waldrand. Für die nächsten zwei Kilometer bleiben wir am Waldrand und geniessen die Aussicht auf Hofstetten, die Burg Landskron und das Kloster Mariastein. Beim Einstieg in den Chälegraben stossen wir auf die Wegweiser der Via Surprise, die uns den Weg in den wildromantischen Chälegraben zeigen. Es geht weiter zum Picknickplatz und zur Spielwiese Bergmatten und vorbei am Restaurant Bergmatten. Nun kommen wir zum Blauepass, verlassen die Via Surprise und nehmen den Pfad abwärts. Kurz vor Blauen bietet sich ein schöner Blick auf das Laufener Becken.

Die S-Bahn fährt über die Birsbrücke im Chessiloch.

31
Wein und Burgen

Aesch – Klus – Burgruinen – Pfeffingen – Aesch

MITTEL

Die Burg Pfeffingen hat eine bewegte Geschichte.

Wissenswertes

3.0 km Wasserfall Tschäpperli.
4.6 km Aussichtsbank, Pfad geradeaus benutzen.
6.4 km Wegweiser zur Burg folgen.

Der eindrückliche Burgengratweg geht rauf und runter und ist abwechslungsreich.

Einkehrmöglichkeit: Restaurant Rebstock, Pfeffingen.

Die Burgruine Pfeffingen stammt aus dem 11. Jh. und wurde im 12.-13. Jh. ausgebaut. Beim Erdbeben von Basel 1356 erlitt sie Schäden und erfuhr danach eine Erneuerung. 1761 wurde sie als Abbruchobjekt verkauft. Von 2013 bis 2017 erhielt sie eine sorgfältige Restaurierung.

Routenbeschrieb

Vom Bahnhof Aesch folgen wir dem Wanderweg der Via Surprise Nr. 32 über die Birsbrücke und durch Aesch. Bei den letzten Häusern, vorbei an einem Schrebergarten, laufen wir den Chlusbach entlang bis zur Vorderen Klus. Durch Rebberge gelangen wir zum Wasserfall Tschäpperli. Danach biegen wir links in den Burgengratweg ein und wandern auf einem verschlungenen Pfad an den Burgruinen Schalberg und Münchsberg vorbei. Vor dem Wohngebiet von Pfeffingen wenden wir uns auf der Strasse Untere Eichen nach rechts und laufen an einer Aussichtsbank vorbei geradeaus bis zum Punkt 520 🔵. Auf der Leutschimatt haben wir eine prächtige Aussicht auf Pfeffingen, Aesch und Basel bis zu den Vogesen und zum Schwarzwald. Nach dem Reit- und Pensionsstall Rüttimatt erreichen wir die Burgruine Pfeffingen. Auf diversen Informationstafeln kann man sich über die Burganlage informieren. Am Schlossgut vorbei, das heute eine Privatschule beherbergt, laufen wir links dem Wanderweg entlang nach Pfeffingen und Aesch zurück.

32
Felsblöcke und Quellen

Grellingen – Pelzmühletal – Grellingen

EINFACH

Der Seebach stürzt in einem Kanal ins Pelzmühletal.

Wissenswertes

1.5 km Abzweigung zum Baslerbrünneli.
2.0 km Kletterwände Pelzmühletal.
4.1 km Grillplatz beim Wälschhans.
6.9 km Aussicht auf Eggflue und Ruine Pfeffingen.

Weitere Informationen zum Seewener Bergsturz können bei Route 49 nachgelesen werden.

Im Pelzmühletal stand einst eine Mühle, in der Spelz, die Hülle des Getreidekorns, vom Samenkorn getrennt wurde. Aus Spelz wurde Pelz, daher der Name des Tals. Die Mühle wurde 1624 im Seeboden gebaut, brannte um 1875 nieder und wurde nicht mehr aufgebaut.

Routenbeschrieb

Am Bahnhof Grellingen führt der Weg über den Bahnübergang der Seewenstrasse entlang. Nach 250 m auf der Hauptstrasse biegen wir links in den steilen Waldweg mit Wanderzeichen ein. Es folgt ein kurzes Stück auf einem breiteren Weg, den wir wieder verlassen, um links zum Baslerbrünneli, einer Quelle im Pelzmühletal, aufzusteigen. Wir passieren die Kletterwände des Pelzmühletals und laufen dort das Tälchen hinauf. Nach 300 m schwenken wir in spitzem Winkel in den nicht signalisierten, etwas verwachsenen Waldpfad ein, gelangen wieder auf den Waldweg bis zum Wälschhans, wo sich ein Grillplatz befindet. Nun folgen wir rechts dem Pfad zwischen Felsblöcken, die vom Seewener Bergsturz stammen, hindurch bis zur Hauptstrasse. Diese überqueren wir, nehmen links einen Pfad und danach den breiten Weg links vom Seebach. Kurz vor Grellingen stossen wir auf eine imposante Panzersperre, erreichen über einen Graswag die Nunningerstrasse und über Quartierstrassen wieder den Bahnhof.

33

Balmchopf und Wolf

Nunningen, Oberkirch – Balmchopf – Buechenberg – Nunningen

FORDERND

Das Chilchli ist eine Felseinbuchtung am Balmchopf.

Wissenswertes

1.7 km Engi-Mühle mit Wasserrad.
2.4 km Halbhöhle, genannt Balmchilchli.
6.8 km Aussichtspunkt, genannt Wolf.

Das Balmchilchli ist eine durch einen überhängenden Felsen geschützte Einbuchtung mitten im Balmfelsen. Es ist als Picknickplatz eingerichtet und mit einem Geländer gesichert. In einer Nische hoch oben an der Felswand steht eine kleine Marienstatue.

Alternativ kann für die Rückfahrt mit dem Postauto die Haltestelle Riseten benutzt werden.

Routenbeschrieb

Wir starten an der Bushaltestelle Oberkirch in Nunningen, folgen der Strasse zur Kirche, biegen in den Kirchweg und danach rechts in einen Grasweg ein. Hier öffnet sich eine schöne Aussicht auf Nunningen. Wir überqueren die Hauptstrasse bei der Engi, wo eine Mühle mit einem Wasserrad steht, und steigen den Berg hinauf. Beim Wegzeichen Balmchopf führt der Weg in den Wald, dann der Krete entlang. Ein Highlight ist das Balmchilchli, das man über eine kurze Treppe erreicht. Auf dem Balmchopf bietet sich ein fantastischer Ausblick ins Laufental. Der 793 m hohe, felsige Berg zählt zu den beliebtesten Klettergebieten des Basler Juras. Der Abstieg erfolgt über die Balmhöchi. Wir passieren die Lochmatt und den Lochgraben, gehen am Hof Nebelberg vorbei und bis zur Anhöhe Wolf. Anschliessend umrunden wir den Buechenberg und steigen kurz vor dem Waldrand links hinab bis Riseten. Über den Dorfplatz und die Lebernstrasse gelangen wir wieder zur Haltestelle Oberkirch.

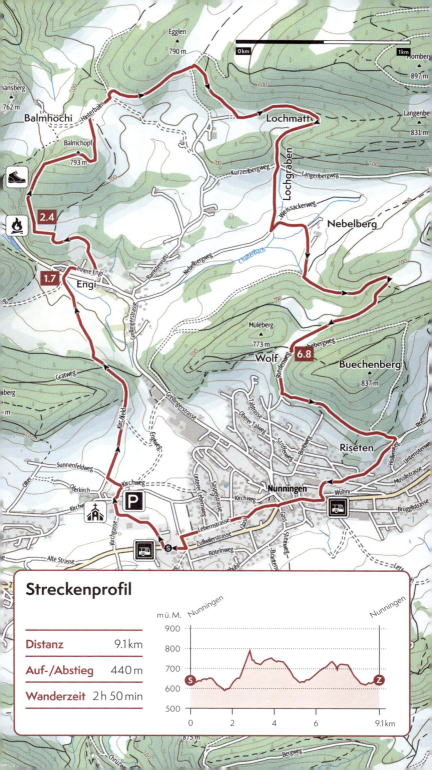

34
Häxeblätz und Unterbrand

Nunningen, Oberkirch – Häxeblätz – Nunningen

MITTEL

Am Häxeplätz hütet eine Hexe das Gipfelbuch.

Wissenswertes

4.3 km Bank mit Aussicht auf das Gempenplateau und die Agglomeration Basel.
5.1 km Bank mit Aussicht auf Bretzwil, Wasserfallen und Passwang.
6.7 km Häxeblätz mit vielen Hexen und Aussicht auf Bretzwil, Nunningen, Hohe Winde u.a.

Am Häxeblätz gedeihen seit Jahrhunderten keine Sträucher und Bäume, dafür aber seltene Pflanzen wie Orchideen. Es wird vermutet, dass dieses Phänomen auf eine natürliche Bodenbelastung zurückzuführen ist. Eine Legende erzählt, dass dort früher Hexen verbrannt wurden.

Routenbeschrieb

Von der Postautohaltestelle Oberkirch in Nunningen nehmen wir den Weg zur Kirche und zur Grellingerstrasse. Diese überqueren wir, wenden uns nach rechts und laufen nach 60 m den Feldweg aufwärts. Es bietet sich ein schöner Blick auf Engi. Der Weg führt entlang der Starkstromleitung bis zur Kantonsgrenze BL/SO, von dort geradeaus über die Weide dem Waldrand entlang. Bei km 5.1 biegen wir rechts ab und steigen den Wald hinauf. Kurz nach der Anhöhe erreichen wir den sagenumwobenen Häxeblätz, eine Magerwiese, die eigenartigerweise von der Wiederbewaldung verschont bleibt, obwohl sie mitten im Wald liegt. Wir geniessen die schöne Aussicht auf Bretzwil, Nunningen, Hohe Winde, Trogberg u.a. Ein Pfad bringt uns hinab zum Wegkreuz Unterbrand, wo wir links nach Nunningen absteigen. Am Schulhaus vorbei kommen wir zur Hauptstrasse bei der Postautohaltestelle Riseten und gelangen über den Dorfplatz und die Lebernstrasse zurück zur Haltestelle Oberkirch.

35

Geist und Hirnichopf

Nunningen, Oberkirch – Hirnichopf – Nunningenberg – Nunningen

FORDERND

Das Schloss Gilgenberg mit seiner Holz-Überdachung.

Wissenswertes

3.5 km Abzweigung in einen Pfad, der über eine Wiese führt.

Eine attraktive, abwechslungsreiche und sportliche Wanderung, die Trittsicherheit erfordert.

Der Abstieg vom Nunningenberg kann auch über die Portiflue erfolgen. Diese ist ein Hotspot im Schwarzbubenland.

Das Schloss Gilgenberg wurde im 13. Jh. durch die Freiherren von Ramstein erbaut, 1356 durch das Erdbeben von Basel stark beschädigt und wieder aufgebaut. Der Name Gilgenberg bezieht sich auf das Wappen der Ramsteiner, das zwei gekreuzte Lilien (= Gilgen) zeigt.

Routenbeschrieb

Kurz nach der Bushaltestelle Nunningen Oberkirch biegen wir rechts in den Bergweg ein und steigen zur Ruine Gilgenberg auf. Diese wurde 2015 mit einer modernen Holzkonstruktion überdacht und wird für Anlässe genutzt. Von der Zugbrücke aus haben wir eine grossartige Aussicht ins Elsass, zum Schwarzwald und zur Portiflue. Beim Rastplatz Chalberweidli führt ein Pfad dem Ibach entlang zu den Ibachfällen. Kritische Stellen sind mit Ketten gesichert. Der Ibach-Geist bewacht alle, die während oder nach Regenfällen die munter plätschernde Kaskade bestaunen. Beim Aufstieg über die Lichtung Chrüz öffnet sich der Blick nach Nunningen und zur Ruine Gilgenberg. Nun geht es steil hinauf zum Hirnichopf. Dort freuen wir uns über die grandiose Aussicht, die bei guter Fernsicht bis zu den Alpen reicht. Der Abstieg entlang der Krete erfolgt über den Nunningenberg, die Hüttenhöchi und zur St. Wendelinskapelle. Nach einem kurzen, steilen Abstieg am Hof Stein vorbei erreichen wir unseren Ausgangspunkt.

36
Widder und Hochaltar

Beinwil, Reh – Wingengraben – Güpfichopf – Beinwil

MITTEL

Die Klosterkirche Beinwil wurde 1978 neu aufgebaut

Wissenswertes

2.6 km Rechts halten und aufsteigen.
3.0 km Links halten und absteigen.
5.4 km Widder.

Der Rückweg zum Ausgangspunkt führt 200 m der Passwangstrasse entlang. Es ist Vorsicht geboten.

Alternativ kann für die Rückfahrt mit dem Postauto die Haltestelle Beinwil Kloster benutzt werden.

Das Kloster Beinwil entstand im 11. Jh. auf Anregung des lokalen Adels. Im 12. Jahrhundert erlebte es eine Blütezeit. Während des Kulturkampfes 1874 wurde es mit einem Volksentscheid aufgehoben und zerfiel. Heute wird es von einer orthodoxen Gemeinschaft betrieben.

Routenbeschrieb

Wir starten bei der Postautohaltestelle Beinwil Reh, überqueren die Lüssel und laufen zum Wingengraben. Nach der Haarnadelkurve, auf der Höhe des Hofs Schwängi, öffnet sich das Tal und bietet einen Blick auf die Klosteranlage Beinwil. Beim Hof Schachen kreuzen wir die Passwangstrasse und wandern entlang des Güpfichopfs. Kurz vor dem Wasserfall hören wir ein rhythmisches Tak-Tak, das von einem Widder stammt. Das ist eine hydraulische Pumpe, die nur mit Wasserkraft funktioniert. Der Waldpfad mündet in einen Weg, der über den Hexengraben in den Kastenweg führt. Bei der folgenden Linkskurve biegen wir rechts ab und durchqueren das Waldstück. Auf der Anhöhe am Waldrand präsentiert sich die Klosteranlage mit dem Feuerwehrweiher aus der Vogelperspektive. Die Klosterkirche wurde nach dem Brand von 1978, bei dem nur die Mauern übrig blieben, wiederaufgebaut und mit einem um 1700 angefertigten Hochaltar aus Bellwald ausgestattet. Über die Passwangstrasse gelangen wir zurück zum Startpunkt.

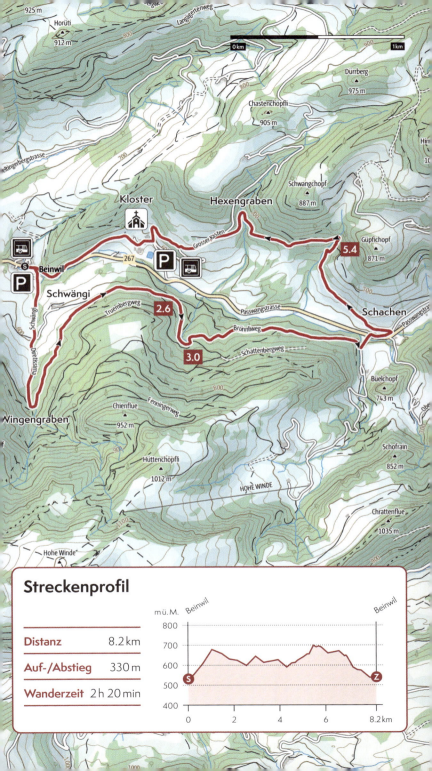

37
Bachlauf und Kräutergarten

Beinwil, Bachmättli – Rotmättli – Trogberg – Erschwil

FORDERND

Blühender Purpur-Sonnenhut im Kräutergarten.

Wissenswertes

3.2 km Aussicht auf den Chienberg, Langi Flue und den Lingenberg. Dahinter der Blaueberg, Blauen, Dittingen und Laufen.

4.3 km Kräutergarten der Ricola, Sicht ins Lüsseltal, auf das Kloster Beinwil und den Vogelberg.

Autofahrer parkieren in Erschwil und benutzen das Postauto bis nach Beinwil, Bachmättli.

Auf dem Trogberg befindet sich einer der sechs Kräutergärten der Firma Ricola. Der Schaugarten kann frei besichtigt werden und vermittelt Interessantes über die 13 Ricola-Kräuter und den Kräuteranbau.

Routenbeschrieb

Diese Wanderung ist ausnahmsweise keine Rundwanderung. Wir fahren mit dem Postauto nach Beinwil Bachmättli, das Ziel ist Erschwil. Ein Wanderzeichen zeigt uns den Einstieg Richtung Mittlere Rotmatt. Der Weg führt uns im Schlettgraben dem malerischen Bachlauf entlang aufwärts. Sofort sind wir mitten in der Natur. Nach einer guten Stunde Aufstieg im schattigen Wald erreichen wir die Wegkreuzung bei der Mittleren Rotmatt. Auf dem Weg zum Trogberg geniessen wir die Aussicht nach Norden auf den Schwarzwald und den Faltenjura. Bei Le Choin stossen wir auf einen gepflegten Grillplatz und unmittelbar danach auf den lehrreichen Kräutergarten der Ricola mit seinen blühenden Blumenbeeten. Wir haben den höchsten Punkt erreicht, verlassen bei Punkt 977 ⬤ die asphaltierte Strasse und steigen an der Nordseite des Trogbergchopf und über das Hörnli ab. Im Gebiet Forst durchqueren wir eine zauberhafte Lichtung. Das letzte Stück im Wald führt uns nach Erschwil und zur Bushaltestelle im Dorf.

38

Um und über den Grand Mont

Beinwil, Ober-Bös – Trogberg – Grand Mont – Beinwil (Erschwil)

FORDERND

Eine typische Juraweide mit altem Baumbestand.

Wissenswertes

2.4 km Kräutergarten der Ricola, Aussicht ins Lüsseltal und auf den Passwang.

2.8 km Picknickplatz mit Feuerstelle (Ricola).

6.8 km Aussicht ins Val Terbi und auf Delémont.

Verpflegungsmöglichkeit beim Hof Ober Bös.

Mit dem Start an der Postautohaltestelle Bachmättli und dem Abstieg über das Hörnli nach Erschwil verlängert sich die Tour:

Distanz: 15.0 km, Aufstieg: 775 m, Abstieg: 850 m, Wanderzeit 4:45 h

Autofahrer parkieren in Erschwil und nehmen das Postauto bis Beinwil, Bachmättli.

Routenbeschrieb

Die Route beginnt in Beinwil beim Hof Ober Bös, wo im Steinbruch parkiert werden darf. Der Hof liegt 2 km oberhalb der Passwangstrasse und ist mit dem Auto ab Bachmättli erreichbar. Will man den ÖV benutzen, dauert der Aufstieg ab der Bushaltestelle Bachmättli bis zum Parkplatz etwa 30 Minuten. Bei Punkt 866 ● nehmen wir den Pfad über die Wiese und steigen der Kantonsgrenze entlang steil hinauf bis zum Trogberg. Bei herrlichem Kräuterduft des Ricola-Kräutergartens geniessen wir die wunderbare Aussicht zum Schwarzwald und Faltenjura mit der Hohen Winde. Kurz nach Eintritt in den Wald stossen wir auf einen Picknickplatz, biegen rechts ab und folgen dem Wegweiser Richtung Mervelier. Über die Höfe Le Grandmont und Le Champre erreichen wir den nördlichen Aufstieg zum Grand Mont. Eine prächtige Aussicht bietet sich ins Val Terbi und auf Delémont. Über Le Choin und den Kräutergarten kehren wir zurück zum Ausgangspunkt. Eine lohnenswerte Alternative ist der Abstieg über das Hörnli nach Erschwil.

39
Kraftort und Jugendherberge

Challpass – Mätzerlechrüz – Burg Rotberg – Challpass

MITTEL

Die Burg Rotberg erscheint wie ein Märchenschloss.

Wissenswertes

1.0 km Aussicht nach Frankreich und Deutschland, Denkmal 1. Weltkrieg.
2.8 km Mätzerlechrüz.
4.9 km Kraftort Sieben-Linden-Hügel.

Die 1413 erstmals erwähnte Burg Rotberg entstand wahrscheinlich gegen Ende des 13. Jh. und war von den Herren von Rotberg bewohnt. Seit 1645 war die Burg verlassen, sie zerfiel immer mehr und wurde häufig als Steinbruch verwendet. Ein pseudohistorischer Wiederaufbau erfolgte 1933 – 1935.

Routenbeschrieb

Diese Wanderung führt uns vom Chall zum Mätzerlechrüz und nach Metzerlen. Am Challpass, Bushaltestelle Challhöchi, nehmen wir den Wanderweg, verlassen diesen aber bald, um bei Challplatten der Krete entlang aufzusteigen. Hier werden wir von einer fantastischen Aussicht nach Norden überrascht: Der Oberrheingraben flankiert vor den Vogesen und dem Schwarzwald. Ein Denkmal erinnert daran, dass hier die Soldaten im Ersten Weltkrieg die Schweizer Landesgrenze bewachten. Es geht weiter der Krete entlang bis zum Mätzerlechrüz. Hier folgen wir der Via Surprise und steigen gegen Norden ab in Richtung Metzerlen. Nach dem grossen Bogen am Waldrand biegen wir rechts in einen Pfad ein und gelangen zum Kraftort Sieben-Linden-Hügel. Beim Rotberghof erreichen wir über eine lange Treppe die Burg Rotberg, heute eine Jugendherberge, und von dort die Lichtung Bättental. Bei Baholz kommen wir zum Weg, der uns nach einem kurzen, steilen Aufstieg zurück zum Challpass führt.

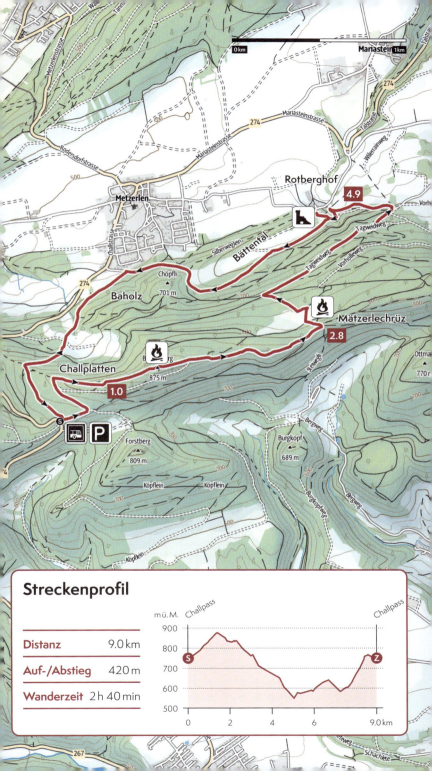

40

Vom Kloster ins Paradies

Metzerlen – Burg Rotberg – Mariastein – Metzerlen

EINFACH

Blick in die neobarocke Klosterkirche Mariastein.

Wissenswertes

2.6 km Kreuzung mit Mariasteinstrasse.

Es lohnt sich, genügend Zeit für die Besichtigung der Burg Rotberg und des Klosters Mariastein einzuplanen.

In Mariastein gibt es mehrere Einkehrmöglichkeiten: Restaurant Lindenhof, Restaurant Post und Restaurant Jura.

Nach ihrer Übersiedlung aus dem Kloster Beinwil legten die Benediktiner 1648 den Grundstein zur heutigen Klosterkirche Mariastein. Im 19. Jh. mussten die Mönche ins Exil. Die Besetzung durch die Franzosen führte zu ihrer Vertreibung und zur Plünderung des Klosters. Erst 1971 wurde das Kloster wieder hergestellt.

Routenbeschrieb

Wir starten bei der Postautohaltestelle Metzerlen Allmendhalle, biegen nach der Allmendhalle in den Blauenweg ein und steigen bis zur Waldlichtung Bättental auf. Danach laufen wir zur Burg Rotberg hinunter, welche heute als Jugendherberge dient. Rechts erreichen wir den Rotberghof und den Wanderweg der Via Surprise. Die Wegweiser zeigen zum Kloster Mariastein, dem nach Einsiedeln zweitgrössten Wallfahrtsort der Schweiz. Die Innenarchitektur der dreischiffigen Basilika wies zunächst einen spätgotischen Stil auf, erfuhr jedoch zwischen 1900 und 1934 zwei neobarocke Veränderungen. Wir passieren den Kreuzweg aus dem 17. Jahrhundert und kommen zur St. Anna Kapelle und zum Heulenhof. Dort haben wir einen fantastischen Ausblick auf die Burg Landskron. Über den Weg «Im Paradies» gelangen wir zum südlichen Waldrand und wenden uns dann nach Süden mit Blick auf den Brunneberg und den Blauen. An der Sternwarte Metzerlen vorbei kommen wir zum Gobenrainweg, der uns zurück zum Ausgangspunkt führt.

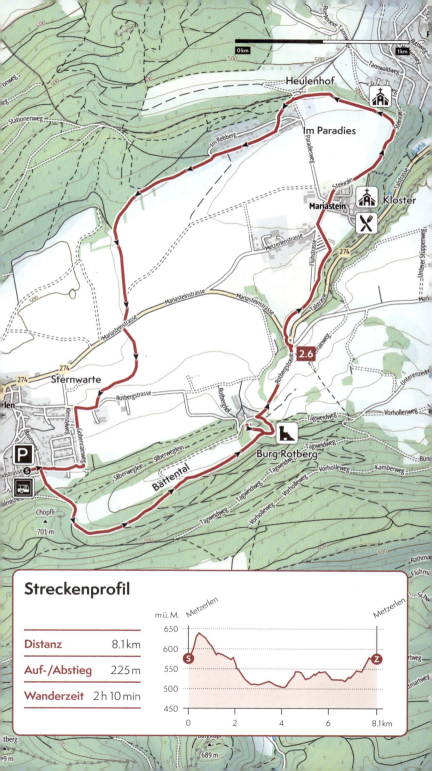

Wiederkäuende Kühe und Blick zum Passwang.

41

Kletterfelsen und Treppen

Duggingen – Herrenmatt – Ober-Aesch – Duggingen

MITTEL

Kletterbegeisterte treffen sich an der Falkenflue.

Wissenswertes

2.4 km Kletterfelsen mit Feuerstelle und Metalltreppe.

3.6 km Gedenkstätte zum Flugzeugunglück vom 10. April 1973 in Hochwald.

Die Kilometer-Angaben sind inklusive der Besichtigung der Kletterfelsen gerechnet.

Einkehrmöglichkeit: Restaurant Herrenmatt.

Der Absturz eines englischen Flugzeugs nahe Hochwald von 1973 geschah bei Nebel und Schneetreiben. Die Piloten verfehlten die Landebahn in Basel, die Maschine flog gegen einen bewaldeten Hang und zerschellte. 108 Menschen starben, nur 37 überlebten.

Routenbeschrieb

Beim Bahnhof Duggingen folgen wir dem Wegweiser Falkenflue und gehen die steile Strasse zum Waldrand hinauf. Unterwegs blicken wir auf Duggingen, die Ruine Pfeffingen und das Bruderholz. Nach dem Hof Luegimatt steigen wir im Zickzack zu den Kletterfelsen der Falkenflue hinauf. Rechts und links der Metalltreppe befinden sich die Kletterfelsen. Auf der rechten Seite führt ein Pfad über 300 m den Felsen entlang. Von hier kann man den Kletterern zuschauen. Dies ist besonders eindrücklich am Nachmittag, wenn die Sonne die Felswände rötlich verfärbt. Nach dem Aufstieg über die rund 50 Treppenstufen laufen wir geradeaus und zweigen nach einer Wegbiegung links in einen ansteigenden Waldweg ein. Hier befindet sich die Gedenkstätte des Flugzeugunglücks in Hochwald im Jahr 1973. Zwischen den Gebäuden der Herrenmatt gelangen wir erneut in den Wald und steigen entlang der Kantonsgrenze zum Hofgut Ober-Aesch ab. Über die Oberaeschweid erreichen wir wieder Duggingen.

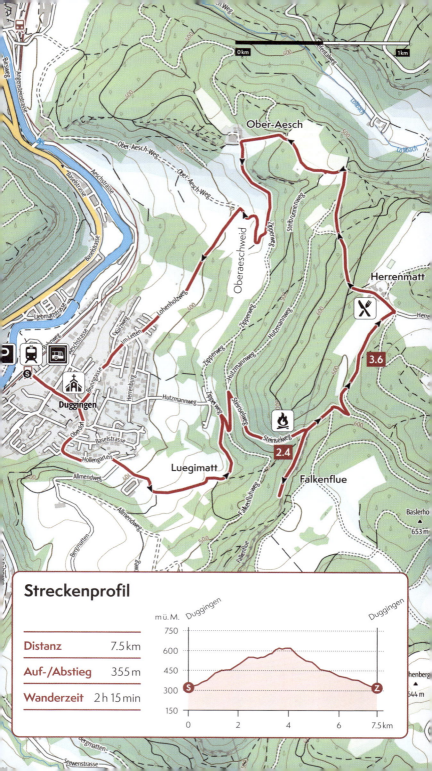

42
Falkenflue und Baslerbrünneli

Duggingen – Falkenflue – Baslerbrünneli – Duggingen

MITTEL

Aufstieg zur Falkenflue entlang des Bächleins.

Wissenswertes

2.3 km Aussichtspunkt: Ausblick auf die Eggflue, Ruine Pfeffingen und Agglomeration Basel.
2.9 km Höchster Punkt der Tour: 655 m mit Grenzstein.
4.6 km Kletterfelsen und Feuerstelle.

Ab 1866 wurde aus den Quellen im Pelzmühletal und Kaltbrunnental Wasser für Basel gefasst. Eine davon ist das Baslerbrünneli. Das Quellwasser gelangte durch eine lange Leitung zu den Reservoirs auf dem Bruderholz. Aus Qualitätsgründen wurde die Nutzung der Quellen 2003 aufgegeben.

Routenbeschrieb

Wir starten am Bahnhof Duggingen, wo sich auch ein Parkplatz befindet. Oberhalb des Friedhofs führt ein Treppenweg von der Brunngasse steil hinauf. Nach 200 m biegen wir rechts in die Herrenburgstrasse ein. Am Ende der Quartierstrasse gelangen wir über einen Grasweg auf einen Waldweg, der dem Bach entlang aufsteigt. Danach leitet uns der Wegweiser Falkenflue. Es folgt ein steiler Aufstieg durch den Falkefluewald. Oben angekommen bietet sich rund 100 m nördlich ein schöner Rundblick auf die Ruine Pfeffingen und das ganze Tal. Wir treten aus dem Wald und laufen südwärts auf dem Hobler Rundweg bis zum Punkt 576 🔵. Dort schwenken wir rechts in den Pfad ein, der zum Baslerbrünneli hinunterführt. Bei den Kletterfelsen halten wir uns rechts und beim Baslerbrünneli nehmen wir den leicht ansteigenden Weg. Dieser bringt uns durch ein Felsblockfeld zum Banaggerweg und Chaltbrunnenweg zurück nach Duggingen.

43

Wasserfall und Spitzkehren

Nunningenberg – Sankt Fridli – Stierenberg – Nunningenberg

FORDERND

Ein stotziger Weg führt zum Sigbachfall hinab.

Wissenswertes

1.0 km Links abbiegen zum St. Fridli.
1.2 km Abstecher nach rechts (Aussichtszeichen), zurück durch den Äschollentunnel und auf die Ämmenegg mit Fernsicht auf die Alpen.
5.3 km St. Wendelinskapelle.

Der Abstieg und Wiederaufstieg zum Wasserfall erfordern Trittsicherheit. Der Pfad sollte nur bei trockenen Verhältnissen begangen werden, da auf den Stufen Rutschgefahr besteht.
Einkehrmöglichkeit: Bergwirtschaft Stierenberg.

Routenbeschrieb

Von der Nunningenberghütte wandern wir auf der Strasse Richtung Beinwil und wenden uns bei der nächsten Rechtskurve zum Waldpfad. Hier braucht es über die Steinstufen hinab einen sicheren Tritt. Unterwegs treffen wir in einer Nische auf die Statue des St. Fridolin (St. Fridli) und seines Begleiters, den Tod. Nach vielen Kurven erreichen wir den Sigbachfall. Der Weg führt hinter dem Wasserfall hindurch, wir steigen zu Punkt 893 🔵 auf. Eine schöne Sicht auf die Geissbergflue links und den Hirnichopf rechts sowie die Höfe Vorder und Hinter Birtis begleitet uns. Wir passieren den Äschollentunnel, biegen zweimal rechts ab und erklimmen die Ämmenegg. Bei guter Fernsicht bietet sich ein einmaliges Alpenpanorama zum Schreck-, Wetter- und Finsteraarhorn, zu Eiger, Mönch und Jungfrau. Bei einer mächtigen Buche geht es abwärts zum Restaurant Stierenberg. Auf der Bergstrasse kommen wir zum Riedberg und folgen der Krete bis zur Wendelinskapelle. Hier machen wir eine Spitzkehre und gelangen zum Startpunkt zurück.

44
Skilift und Skihütte

Beinwil, Schachen – Vorder-Erzberg – Hohe Winde – Beinwil

FORDERND

Auf dem Gipfel der Hohen Winde mit toller Aussicht.

Wissenswertes

2.0 km Abzweigung in einen Feldweg.
5.2 km Abzweigung zum Aussichtspunkt und zur Skihütte Hohe Winde.

Die Wege sind meist gut begehbar, der Abstieg über das Martinswägli ist steil und erfordert Aufmerksamkeit.

Einkehrmöglichkeit: an Wochenenden Skihütte Hohe Winde

Routenbeschrieb

Der Start ist bei der Postautohaltestelle Beinwil Schachen, wo sich auch ein Parkplatz befindet.
Die ersten 140 m müssen auf der Hauptstrasse in Richtung Passwang zurückgelegt werden, ehe wir rechts in den Rattisweg abbiegen. Der Weg führt an Sagli vorbei, zwängt sich zwischen Gritthorn und Büelchopf hindurch und passiert Unger Rattis und Ober Rattis in Richtung Chratten. Von hier aus folgen wir dem beschilderten Wanderweg zur Hohen Winde über den Vorder-Erzberg bis zum Punkt 1158 🔵. Hier machen wir einen Abstecher zum gewaltigen Aussichtspunkt der Hohen Winde auf 1204 m. An Wochenenden ist auch die Skihütte Hohe Winde offen, wo man sich gut verpflegen und einen grossartigen Ausblick auf die Alpen geniessen kann. Der Abstieg erfolgt über das Martinswägli an der Bergstation des Skiliftes Hohe Winde und an den Höfen Billstein und Drehersgut vorbei zum Ausgangspunkt.

45

Teufels-Chuchi und Bauern-Chuchi

Riederwald – Pierreberg – Wasserberg – Riederwald

FORDERND

Ein fantastischer Blick ins Delsberger Becken.

Wissenswertes

1.9 km Dem Wegweiser nach Vadry folgen.

3.4 km Aussicht auf das Delsberger Becken: Delémont, Courrendlin, Courroux, Vicques, Courtételle.

5.8 km Grenzstein von 1755, der den Berührungspunkt der Kantone Jura, Solothurn und Baselland markiert.

Aufgrund der vielen Höhenmeter erfordert die Wanderung Kondition und für den Aufstieg durch die Teufels-Chuchi Trittsicherheit.

Eine Alternative ist der Aufstieg auf der Strasse über den Hof Rohrberg.

Einkehrmöglichkeit: Ferme-Restaurant Pierreberg.

Routenbeschrieb

Diese Wanderung führt uns in den Kanton Jura. Der Ausgangspunkt ist in Liesberg Riederwald bei der Postautohaltestelle. Beim Überqueren der Birsbrücke sehen wir direkt vor uns die Jurakette, die wir heute erklimmen. Stets entlang des Rohrbergbachs folgen wir den silbernen Wegweisern zur Teufels-Chuchi. Der Weg geht in einen steil ansteigenden Pfad über. Beim Waldrand wenden wir uns nach rechts, laufen weiter dem Bach entlang, bis wir den Feldweg erreichen. Nach einem kurzen Aufstieg biegen wir auf dem Sattel nach links ab und steigen der Kantonsgrenze entlang aufwärts. Weiter oben überqueren wir auf dem Wanderweg eine Weide, die zum kleinen Hof Vadry gehört. Beim Kreuz auf dem Aussichtspunkt oberhalb von Punkt 787 ⬤ bietet sich eine beeindruckende Aussicht auf das Delsberger Becken. Am Hof und Restaurant Pierreberg vorbei gelangen wir über Juraweiden zum Wasserberg und abwärts über den Hof Spitzenbühl zur Strasse, die hinunter zum Ausgangspunkt in Riederwald führt.

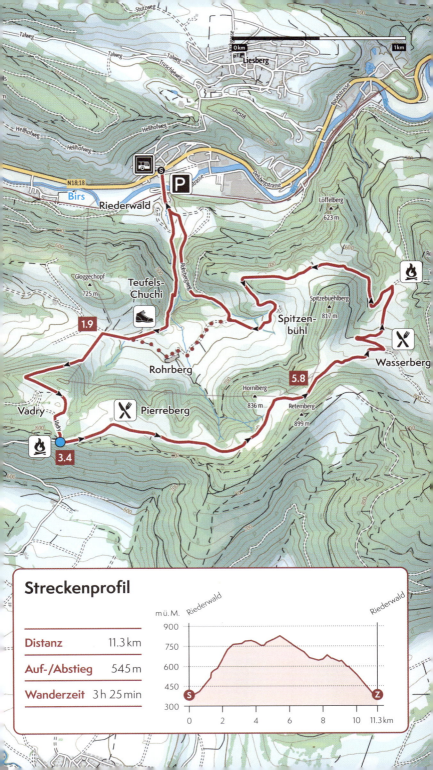

46

Ammoniten und Amphibien

Liesberg, Seemättli – Albach – Uf em Oltme – Liesberg

EINFACH

Ein Sonnenblumenfeld mit Blick auf den Vogelberg.

Wissenswertes

5.5 km Aussicht auf Stürmenchopf, Vogelberg, Hohe Winde.

Die Weglänge versteht sich inklusive Besichtigung des Naturschutzgebiets Andil und des Weges zum Aussichtspunkt.

In der Tongrube Andil wurde bis 1980 Ton abgebaut. Die Tone stammen aus dem Jurameer, das vor ca. 160 Millionen Jahren hier bestand. Das flache Meer war im damals subtropischen Klima warm. Unter den Versteinerungen finden sich Ammoniten, Belemniten, Korallen, Muscheln und Seeigel.

Routenbeschrieb

Bei der Postautohaltestelle Liesberg Seemättli laufen wir zur ehemaligen Tongrube Andil. Durch den Tonabbau wurden Gesteinsschichten freigelegt, die reich an Fossilien sind. Die Grube, die einen wertvollen Lebensraum für seltene und bedrohte Amphibien darstellt, wurde 1998 in das Bundesinventar der Amphibiengebiete von nationaler Bedeutung aufgenommen. Wir gehen weiter in den Truschletenweg. Wunderschöne Magerwiesen säumen unseren Weg durch die Erholle. Am Hof Albach vorbei erreichen wir die Kapelle Albach, die durch mächtige Linden behütet wird. Ein Feldweg links bringt uns zu Uf em Oltme. 400 m weiter geradeaus Richtung Bergweid lädt ein Aussichtspunkt mit einer Sitzbank zum Geniessen des Panoramas vom Schwarzbubenland bis zum Jura ein. Wir steigen nach Liesberg ab, an der Kirche vorbei und die steilen Gassen hinunter bis zum Brunnen bei der Postautohaltestelle Ochsengasse. Den Ausgangspunkt erreichen wir über eine Treppe, die vom Seemättliweg zur Sporthalle hinunterführt.

47

Gämsen und Grotte

Kleinlützel – Schützenebnetchopf – Kleinlützel

MITTEL

Oberhalb Kleinlützel liegt die kleine Ölberggrotte.

Wissenswertes

1.7 km Rechts in aufsteigenden Waldpfad einbiegen.
3.7 km Rechts in den flach verlaufenden Waldweg einbiegen.
8.6 km Felssporn, links abbiegen zur Grotte.

Gämsen kommen nicht nur in den Alpen vor, sondern auch in steilen, bewaldeten Gebieten. In den 1950er Jahren wurden im Solothurner Jura Gämsen ausgesetzt. Waldgämsen waren aber schon vorher im Gebiet heimisch. Sie bewegen sich gerne in unwegsamem, felsigem Gelände und zeigen sich selten.

Routenbeschrieb

Von der Postautohaltestelle Frohmatt in Kleinlützel laufen wir direkt zu den Felsen und treten rechts in den Bergweg ein. Bei der folgenden Kreuzung wenden wir uns nach links und wandern dem Panoramaweg entlang. Mit etwas Glück entdecken wir hier Gämsen, die sich in den Felsen wohlfühlen. Im Taläggerli geht es über den Bach und den Waldweg hinauf. Kurz vor dem Reservoir folgen wir dem Pfad rechts in den Wald. Steil bergauf führt der Weg an der Ruine Blauenstein vorbei und entlang der Lichtung Hauenloch. Hier wurde der Wald gerodet, um Lebensraum für Wildblumen zu schaffen. Bei km 3.7 biegen wir rechts in den flach verlaufenden Weg ein. Am Schützenebnetchopf vorbei steigen wir ab und nehmen rechts den Pfad zum Hof Schützenebnet. Dem Hang entlang öffnet sich ein schöner Blick auf Kleinlützel. Beim Felssporn bei km 8.6 zweigen wir links ab und stossen auf eine kleine Grotte mit Statuen. Der Pfad leitet uns westlich vom Felssporn zur Dorfstrasse hinunter.

48

Remelturm und Schützengraben

Challpass – Remelspitz – Schloss Burg – Challpass

MITTEL

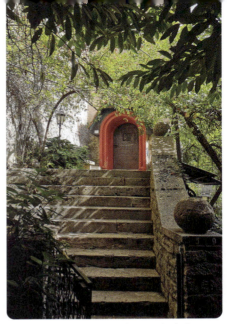

Das Schloss Burg, auch Schloss Biederthal genannt, blieb von Zerstörungen verschont.

Wissenswertes

3.5 km Remelturm, Aussicht auf den Vogelberg und die Hohe Winde, bei guten Verhältnissen auf die Glarner Alpen mit dem Tödi, die Berner Alpen mit Eiger, Mönch und Jungfrau und den Chasseral und Moron im Jura.

4.9 km Rittimatte mit der Gedenkstätte von Dr. Albert Hofmann, Entdecker des LSD, Sicht ins Elsass und zu den Vogesen.

Der Remelturm kann über eine Leiter bestiegen werden. Dazu sind Trittsicherheit und Schwindelfreiheit Voraussetzung. Der Turm wurde an der französischen Grenze als Signal der Landesvermessung gebaut und diente im bewaldeten Gelände als Sichtverbindung zwischen der Chrischona und der Ajoie.

Routenbeschrieb

Wir starten bei der Bushaltestelle Challhöchi und nehmen den Weg zur Challhöchi. Am Ende der Lichtung Challmatten steigen wir rechts des Remels zur Krete hinauf. Der acht Meter hohe Remelturm, der 1901 zu Vermessungszwecken errichtet wurde, befindet sich 200 m westlich. Wir setzen unseren Weg auf der prächtigen Krete entlang der Landesgrenze fort und vorbei an den ehemaligen Schützengräben, die noch gut zu erkennen sind. Beim Punkt 576 🔵 biegen wir in einen Waldweg ein, der zwischen den Schlossfelsen zum Schloss Biederthal führt. Dieses ist in Privatbesitz und nicht öffentlich zugänglich, bietet aber auch von aussen ein eindrückliches Bild. Zwischen Schlosskapelle und Burg mündet ein Pfad durch einen Felsentunnel in die Strasse und zum Birsig, der am Fuss des Remels entspringt. Wir durchqueren die imposante Klus und erreichen die Hauptstrasse Richtung Metzerlen. Beim Friedhof schlagen wir den Weg ein, der zur Challstrasse führt, passieren diese und begeben uns auf den Pfad zum Challpass hinauf.

49

Felssturz und Musikautomaten

Seewen – Seebach – Zollfiechten – Seewen

EINFACH

Ein spielender Clown im Musikautomatenmuseum.

Wissenswertes

1.0 km Busbahnhof Herrenmatt.
3.1 km Ende des ehemaligen Sees, Schieber und Wassertunnel.
4.2 km Der Strasse nach Hochwald auf einer Länge von 100 m folgen, dann links abbiegen.
5.4 km Höchster Punkt auf 685 m.
6.5 km Aussichtspunkt.

Das Museum für Musikautomaten Seewen verfügt über eine der grössten Sammlungen von Musikdosen und -automaten weltweit.

Auf dem PKW-Parkplatz beim Musikautomatenmuseum darf parkiert werden.

Einkehrmöglichkeit: Restaurant Museum für Musikautomaten.

Routenbeschrieb

Diese schöne Wanderung verläuft auf der Ebene des ehemaligen Seewenersees. Vom Musikautomatenmuseum in Seewen wandern wir nach Südwesten über die Zelgli- und Gartenstrasse zur Dorfstrasse. Dort biegen wir in die Bachstrasse ein. Nach dem Busbahnhof Herrenmatt folgt die Strecke dem kanalisierten Seebach entlang bis zum Seebachtunnel. An diesem Ort entstand vor rund 13 000 Jahren ein See, nachdem ein Felssturz von Fulnau das Tal verschüttete. 1588 wurde dieser mittels eines Tunnels entwässert. Von 1919 bis 1923 wurde der entstandene Sumpf mit einer Drainage trockengelegt und das neu gewonnene Land wirtschaftlich genutzt. Wir steigen einige Stufen durch die Felsblöcke hinauf und überqueren die Strasse. Via Wälschhans und Juntenloch erreichen wir den Aussichtspunkt beim Jegeracker mit weitem Blick über Seewen bis zum Wisenberg, Hinteri Egg, Vogelberg und Brang. Danach kehren wir zurück zum Museum am Bollhübel.

50

Baumallee und Kreten

Nunningenberg – Stierenberg –
Ämmenegg – Nunningenberg

FORDERND

Hof Ulmet mit Geissbergflue und Hirnichopf.

Wissenswertes

1.9 km Sicht auf den Hirnichopf, im Hintergrund der Mont Raimeux.

2.6 km 2015 – 2016 erstellte Baumallee mit Bergahorn.

4.0 km Holztreppe, Aufstieg zur Krete.

4.8 km Aussicht auf den Schwarzwald mit dem Hohwildsberg und Zeller Blauen.

5.2 km Ehrwürdige alte Buche.

Die Wanderung erfordert gute Kondition sowie Trittsicherheit und gutes Schuhwerk.

Einkehrmöglichkeit: Bergwirtschaft Stierenberg.

Routenbeschrieb

Diese Wanderung wird Liebhabern von Kretenwegen zusagen. Wir starten vom Nunningenberg nordwärts zur St. Wendelinskapelle, wandern dort der Krete des Riedbergs entlang, bis wir auf die Strasse zum Stierenberg stossen. Kurz nach dem Restaurant Stierenberg biegen wir links ab und gelangen über einen Grasweg zu Punkt 914 🔵. Nun halten wir uns rechts und steigen über die Holztreppe hinauf zur ersten von drei aneinandergereihten Kreten zur Ämmenegg. Auf der Südseite liegt die Ulmethöchi mit einer Beringungsstation, wo jedes Jahr im Herbst die durchziehenden Vögel beobachtet, registriert und auch beringt werden. Die Aktion steht unter dem Patronat der Schweizerischen Vogelwarte Sempach. Beim Aussichtspunkt Ämmenegg geniessen wir ein grossartiges Panorama, bei guten Bedingungen mit Sicht bis zu den Alpen. Nach dem Abstieg erreichen wir einen Waldweg, der uns zum Ausgangspunkt auf dem Nunningenberg führt.

Das Dorf Metzerlen, im Hintergrund der Remel.

51
Weiher und Holzflösserei

Beinwil, Neuhüsli – Bogental – Ulmet – Rossboden – Beinwil

MITTEL

Der Bogentalweiher diente zum Flössen von Holz.

Wissenswertes

5.2 km Aussicht auf Mont Raimeux, Hirnichopf, Les Ordons u.v.a.

6.1 km Hinger Geissberg, bei guter Fernsicht Blick auf die Berner Alpen.

6.9 km Bei der Lichtung scharf links halten.

Diese romantische Tour setzt Kartenkenntnis und Orientierungssinn voraus.

Einkehrmöglichkeit: Restaurant Neuhüsli.

Bis ins 19. Jh. war die Flösserei eine wichtige Transportart für Stammholz. Flösse trieben nicht nur auf breiten Flüssen ins Tal, sondern auch durch kleine Flüsse aus waldreichen Vorgebirgen wie die junge Lüssel im Bogental. Viel Holz kam nach Basel, dessen Bedarf an Bau- und Brennholz sehr gross war.

Routenbeschrieb

Wir starten in Beinwil Neuhüsli beim Parkplatz. Rechts liegt ein Schutzgebiet für Amphibien. Bei der Glashütte, wo von ca. 1737 – 1747 Glaser aus dem Jura Glas herstellten, folgen wir der Lüssel aufwärts am Fuss des Oberschattenbergs. Nach dem Chessiloch stossen wir zum Bogentalweiher. Dieser wurde 1595 erbaut und diente über 200 Jahre zum Flössen von Holz ins Tal bis nach Basel, indem Wasser rasch entleert und eine Flutwelle in die Lüssel ausgelöst wurde. Vor dem Weiher biegen wir zum Hof Bogenthal ab und steigen via Hundsmatt zum Hof Ulmet auf. Auf der Anhöhe haben wir eine herrliche Aussicht auf den Hirnichopf und weitere Hügel. Wir klimmen zum höchsten Punkt der Tour, der Geissbergflue, empor und zum Hinger Geissberg, beide mit prächtigem Rundblick. Beim Abstieg über die Weide leitet uns der Pfad rechts der Hecke entlang in einen Waldweg. Möglicherweise müssen einige Drahtzäune geöffnet werden. Beim Rossboden geniessen wir die Aussicht ins Lüsseltal und Neuhüsli, wo unser Ziel liegt.

52
Grenzsteine und Felsen

Kleinlützel – Roti Flue – Remelspitz – Kleinlützel

FORDERND

Ein idyllischer Kretenweg führt zum Remelspitz.

Wissenswertes

0.6 km Abbiegen in die Taläggerli.
2.6 km Infotafel, links abbiegen.
6.1 km Remelturm.
8.1 km Abstecher zur Ruine Blauenstein.

Rund 50 m östlich des Remelturms markiert ein Grenzstein die Grenzen zwischen Solothurn, Bern und Frankreich. Er trägt keine Jahreszahl und auf der Berner Seite kein Berner, sondern das Wappen der Wessenberg. Das heisst, der Stein wurde gesetzt, bevor das Gebiet durch den Wienervertrag von 1815 dem Kanton Bern zufiel.

Routenbeschrieb

Von der Postautohaltestelle Frohmatt in Kleinlützel laufen wir nach der Brücke auf der Dorfstrasse bis zum Weg Taläggerli, verlassen diesen in der folgenden Rechtskurve und biegen links in einen Grasweg ein. Dieser mündet in einen asphaltierten Weg, der uns um den Fluefels herum aufwärts Richtung Bergrücken führt. Auf der Krete an der Grenze zu Frankreich säumen Grenzsteine verschiedener Epochen den Weg. Der Pfad rechts führt der Krete entlang zur Roti Flue. An der Landesgrenze entlang kommen wir zum Remelturm, der im ersten Weltkrieg als Bewachungsposten genutzt wurde. Bei den Wegweisern schwenken wir nach rechts bis zum Waldweg hinunter und über eine Lichtung. Der Abstecher zum Schloss Blauenstein ist auf dem talseitigen Weg gut begehbar. Für das Klettern in den Felsen ist jedoch Trittsicherheit und gutes Schuhwerk erforderlich. An der Bergkapelle vorbei und über die Kreuzwegstationen erreichen wir wieder Kleinlützel.

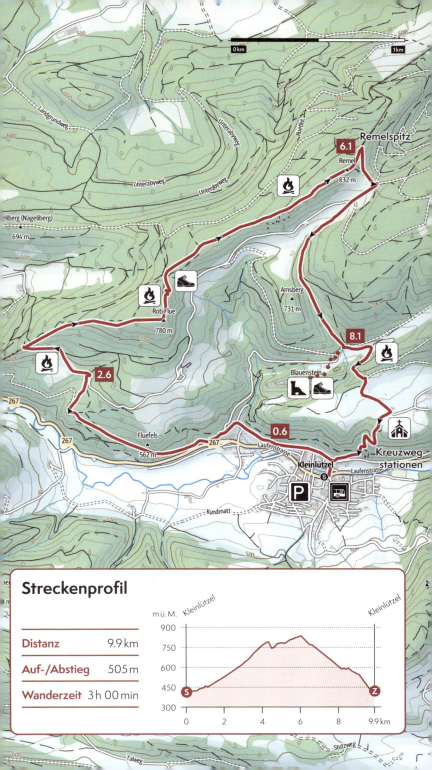

53
Eichenberg und Tannmatt

Hochwald – Eichenberg – Bürenflue – Hochwald

EINFACH

Auf der Holle steht die hübsche Maria-Hilf-Kapelle.

Wissenswertes

0.5 km Kapelle Maria Hilf mit Aussicht auf Hochwald.
4.3 km Wegkreuz, Bank und Feuerstelle.
7.1 km Abzweigung zum Flöschmattweg.

Hochwald ist berühmt für seinen Buttenmost. Dieses rohe Mus aus Hagebutten der Hunds-Rose gehört zum kulinarischen Erbe der Schweiz. Seit etwa 1850 stellen Bäuerinnen in Hochwald Buttenmost her, früher ein wichtiger Nebenverdienst für sie. Heute produzieren nur noch zwei Familien das begehrte rote Mus.

Routenbeschrieb

Wir starten an der Postautohaltestelle Hochwald Dorfzentrum. Ein Parkplatz befindet sich bei der Kirche. Entlang der Hauptstrasse nach Seewen führt uns nach 200 m ein steiler Zickzackweg zum Waldrand hinauf. Unterwegs kommen wir an der Kapelle Maria Hilf vorbei mit einer tollen Aussicht auf Hochwald. Am Hobler Rundweg und dem Zeltplatz entlang erreichen wir die Dornacherstrasse, die wir überqueren. Weiter geht es am Eichenberg vorbei Richtung Gempen, wir kreuzen die Gempenstrasse und laufen an den Höfen Im Hobelboden und Tannmatt vorbei bis zum Wegkreuz beim Punkt 721 ○ hinauf. An diesem Aussichtspunkt befinden sich auch eine Bank und eine Feuerstelle. Auf dem Weg der Krete entlang geniessen wir die Aussicht auf Büren, Lupsingen und sogar bis zu den Urner- und den Glarneralpen. Die Abzweigung nach rechts zum Flöschmattweg, der zurück ins Dorf führt, ist nicht markiert. Sie befindet sich auf der Höhe der letzten Häuser von Büren.

54

Lachmatt und Baslerweiher

Seewen – Lupsingen – Holzenberg – Seewen

MITTEL

Der Baslerweiher lieferte Trinkwasser für Basel.

Wissenswertes

2.8 km Grenzstein SO/BL, tiefster Punkt der Route.
6.1 km Holzenbergrütenen, höchster Punkt der Route.

Ein Besuch des Musikautomatenmuseums ist sehr zu empfehlen.

Auf dem PKW-Parkplatz beim Musikautomatenmuseum darf parkiert werden.

Einkehrmöglichkeit: Restaurant Museum für Musikautomaten.

Routenbeschrieb

Wir starten beim Musikautomatenmuseum in Seewen, welches mit dem Postauto und dem Auto gut erreichbar ist. Über die Lehmgrubenstrasse und den Bürenweg erreichen wir an einem Wegkreuz vorbei einen abfallenden, etwas verwachsenen Pfad, überqueren die Hauptstrasse Büren – Seewen und passieren den Kohlerhof. Beim nächsten Wegkreuz geniessen wir die schöne Aussicht auf Büren und Lupsingen. Nach dem Grenzstein der Kantonsgrenze SO/BL, dem tiefsten Punkt der Route, steigen wir zum Waldrand auf. Dabei haben wir eine wunderbare Sicht auf die sanften Hügel der Umgebung. Richtung Holzenberg zweigt bei der Lachmatt links ein steiler Pfad ab, der in einen breiten Waldweg mündet. Nach einer Kurve folgen wir dem Waldrand entlang einer Lichtung. Wir überschreiten den höchsten Punkt der Wanderung auf Holzenbergrütenen und kommen an einem Grillplatz vorbei. Durch den Wald gelangen wir zur Hauptstrasse und blicken auf den idyllischen Baslerweiher und auf Seewen, unseren Ausgangspunkt.

55

Chueweid und Glögglifrosch

Bretzwil, Eichhöhe – Richteberg – Chueweid – Bretzwil

MITTEL

Blick vom Bärsberg auf den Hof Niestelen.

Wissenswertes

2.6 km Auf dem Höhepunkt des Rundweges rechts abbiegen in einen kaum sichtbaren Pfad.

7.8 km Amphibienweiher am Balsbergchopf.

Interessante Informationstafeln beim Naturerlebnispfad Balsberg.

Entlang der ganzen Strecke viele Sitzbänke mit schöner Aussicht.

Mehrere schöne Feuerstellen mit Sitzgelegenheit.

Routenbeschrieb

Bei der Postautohaltestelle Bretzwil Eichhöhe führt ein Weg hinauf zum Waldrand, wo wir rechts in den mit informativen Tafeln bestückten Naturerlebnispfad Balsberg einbiegen. Nach einem steil abfallenden Weg erreichen wir eine Feuerstelle mit gedeckten Sitzplätzen. Wir überqueren die Strasse, folgen beim Hof Neumatt dem leicht ansteigenden Schotterweg und umlaufen den Richteberg bis auf eine Anhöhe. Danach geht der Weg über ein Feld und um den Hof Bärsberg. Nahe der folgenden Wegkreuzung lädt eine schöne Feuerstelle zum Verweilen ein. Wir bleiben etwa 150 m auf der Strasse und nehmen dann links den Feldweg entlang des Waldrandes. Nach der Chueweid biegen wir links ab und treffen wieder auf den Naturerlebnispfad. Ein idyllischer Weiher mit Besucherplattform, wo die seltene Geburtshelferkröte, der sogenannte Glögglifrosch, lebt, weckt unser Interesse. In der Dämmerung und nachts im Mai ist der glockenhelle Ruf der Kröte zu hören. Kurz darauf gelangen wir zurück zum Ausgangsort.

56

Höfe und Mauerreste

Bretzwil, Eichhöhe – Ramstein – Lauwil – Bretzwil

MITTEL

Der Weg führt am Krummenhof in Bretzwil vorbei.

Wissenswertes

0.4 km Feuerstelle.
0.8 km Rundblick zur Lauchflue, Hinderi Egg (Waldenburg) u.a.
1.4 km Pfad zur Burgruine Ramstein.
3.0 km Aussichtspunkt.

Die Posamenter im Hinteren Frenkental und Umgebung gingen im 19. Jh. zu Fuss nach Basel und brachten ihre gewobenen Bänder den Basler Herren für den Lohn eines Fünflibers, daher wird das Hintere Frenkental auch Fünflibertal genannt. Ein Grossteil der Talbevölkerung verdiente sich damit seinen Lebensunterhalt.

Routenbeschrieb

Wir starten von der Postautohaltestelle Bretzwil Eichhöhe nach Süden Richtung Ramstein. Am Hof Ramstein gelangen wir zu einem Stall. Dort zweigt ein verwachsener Pfad zu den Mauerresten der Burgruine Ramstein ab. Von der einst mächtigen Burg, die schon 1170 bestanden haben soll, sind nur noch einige verwitterte Mauerreste erhalten. Der Weg steigt weiter an und umrundet den Aletechopf. Beim höchsten Punkt der Tour, auf 925 m 🔵, mündet der Weg in die asphaltierte Ulmetstrasse, der wir bis zur nächsten Linkskurve folgen. Hier verlassen wir die Strasse nach rechts und gehen nach Lauwil hinunter. In diesem Dorf zuhinterst hoch über dem Fünflibertal war früher die Heimposamenterei verbreitet, in jedem Haus standen Seidenbandwebstühle. Südlich, auf einer Höhe von 1060 m, starten gut sichtbar Gleitschirmflieger zu ihren Höhenflügen. Wir folgen der Wanderroute durch das Dorf westwärts zum Krummenhof hinauf, biegen rechts ab und erreichen durch den Wald den Ausgangspunkt.

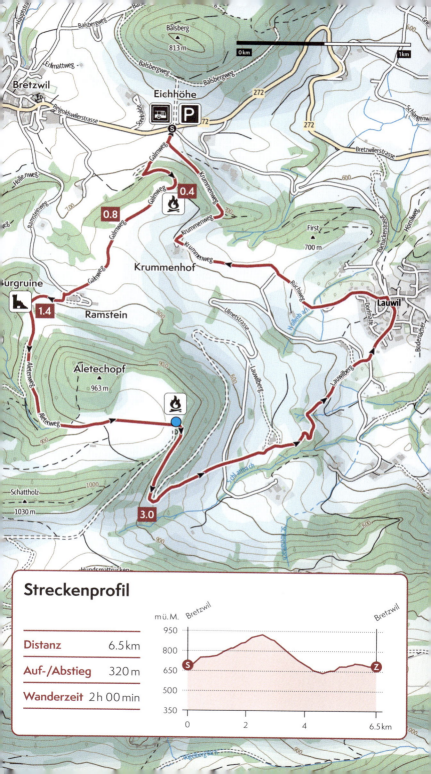

57

Vogelberg und Bättlerchuchi

Passwang – Vogelberg – Obere Wechten – Passwang

FORDERND

Der gut gesicherte Felsenweg zur Oberen Wechten.

Wissenswertes

5.4 km Scharf nach rechts abbiegen zur Oberen Wechten.
7.3 km Einmünden in die asphaltierte Strasse nach Ober Passwang.

Ein grossartiger Blick auf die Alpen begleitet uns auf dieser Wanderung.

Der Abstieg vom Vogelberg zur Oberen Wechten erfordert Trittsicherheit.

Wir treffen auf interessante Informationstafeln auf Abschnitten der Solothurner Wanderwege.

Einkehrmöglichkeiten: Bergrestaurant Vogelberg, Berggasthaus Obere Wechten, Bergwirtschaft Ober Passwang.

Routenbeschrieb

Bei der Bushaltestelle Passwang nehmen wir den Weg Richtung Unter Passwang bis Punkt 992 🔵. Hier steigen wir nach rechts über Weiden und durch einen Nadelwald hinauf und gelangen auf die Krete des Passwangs. Auf dieser laufen wir dem Waldrand entlang, bis wir rechts in den Buchenwald einbiegen. Wir kreuzen die Strasse, die zum Restaurant Vogelberg führt, und kraxeln beim Sendeturm den Grashang zum Vogelberg hinauf. Mehrere Sitzbänke laden ein, südwärts eine fantastische Aussicht auf die Alpen und nordwärts nach Basel zu geniessen. Nach dem Erreichen des Vogelbergs mit gewaltigem 360°-Panorama wandern wir hinunter gegen die Wasserfallen und Bättlerchuchi. Beim Wegweiser biegen wir scharf nach rechts Richtung Obere Wechten. Auf einem gut gesicherten Weg unterhalb der Felswände erreichen wir das Berggasthaus Obere Wechten und begeben uns auf den Weg rechts in den Wald. Wir kommen nach Ober Passwang und auf der Strasse über die Passwanghöhe zurück zu unserem Ausgangspunkt.

58

Martiswald und Schattenberg

Kleinlützel, Klösterli – Martiswald – Bussenberg – Kleinlützel, Frohmatt

MITTEL

Blumenschmuck am Wegweiser bei der Vorderen Rütti.

Wissenswertes

3.1 km Einstieg in den Waldweg.
3.9 km Abzweigung zur Welschmatt.

Autofahrer parkieren auf dem Dorf-Parkplatz in Kleinlützel und benutzen das Postauto bis Kleinlützel, Klösterli.

Auf dieser Wanderung erleben wir die heimelige Atmosphäre der Besenbeizen.

Einkehrmöglichkeiten: Besenbeiz Habschällä Stübli in der Welschmatt, Besenbeiz Bussenberg.

Routenbeschrieb

Der Start ist bei der Postautohaltestelle Kleinlützel Klösterli, das Ziel ist Kleinlützel Frohmatt. Wir überqueren die Lützel, biegen links in den Feldweg ein und schlagen dann den Weg den Felsen entlang steil aufwärts ein. Dieser führt über die nördliche Schulter des Ripp. Über einen originellen Zaunübergang mit Baumstrünken verlassen wir den Wald und betreten bei der Lichtung Martiswald den Kanton Baselland. Auf dem Weg Richtung Osten eröffnet sich ein schöner Ausblick bis in den Schwarzwald mit dem Blauen, Belchen und Feldberg. Wir folgen dem Wanderwegzeichen Richtung Liesberg und dem Schattenberg entlang zum Bussenberg hinunter und kommen über den Mettenberggraben ins Lützeltal. An der Vorderen Rütti vorbei durchqueren wir wunderschöne Wiesen mit Hochstammobstbäumen, bevor wir nach Kleinlützel und zur Postautohaltestelle Frohmatt gelangen.

59

Aussichtsturm und Ermitage

Gempen – Schönmatt – Ermitage – Schartenflue – Gempen

MITTEL

Der wunderschön angelegte mittlere Weiher in der Ermitage.

Wissenswertes

5.2 km Ermitage.
8.4 km Gempenturm.

Diese Tour ist besonders zur Kirschblüte sehr zu empfehlen. Es lohnt sich, Zeit für die Besichtigung der Ermitage einzuplanen.

Einkehrmöglichkeiten: Restaurant Schlosshof Dornach, Restaurant Bärg Beiz Gempenturm, Restaurant Schönmatt.

Nach der Eröffnung 1785 ist die Ermitage in Arlesheim im folgenden Jahrhundert oft von Dichtern und Malern besucht worden. Zahlreiche Beschreibungen und künstlerische Darstellungen des Gartens zeugen davon. Der Garten wurde zum Vorbild für spätere romantische Gärten.

Routenbeschrieb

Wir starten bei der Bushaltestelle Gempen Dorf und laufen Richtung Stollenhäuser und zur Schönmatt. Die Obstbaumlandschaft mit etwa 1400 Hochstammobstbäumen, vorwiegend Kirschbäumen, ist einmalig in der Nordwestschweiz. Sie wird vom Kanton Solothurn gefördert. Beim Waldrand steigen wir scharf links in den Mönchsgrabe hinunter nach Arlesheim. In der Ermitage befindet sich der grösste englische Landschaftsgarten der Schweiz. Mit seinen felsigen Höhlenwegen, Grotten und Weihern bezaubert er die Spazierenden und steht seit 1999 im Inventar der geschützten Naturobjekte von Baselland. Weiter geht es dem Elsa Heierli-Weg und dem Gempenweg entlang. Beim Grenzstein BL/SO folgen wir dem Wegweiser Schloss Dorneck und wandern auf dem steilen Weg zur Schartenflue hinauf. Es öffnet sich eine prächtige Aussicht auf Basel und Umgebung. Für noch bessere Weitsicht kann der über hundert Jahre alte Gempenturm bestiegen werden. Ein paralell zur Strasse verlaufender Waldweg bringt uns zurück nach Gempen.

60
Bad und Burg Schauenburg

Gempen – Bad Schauenburg – Schauenburgflue – Gempen

MITTEL

Das Erdbeben von Basel zerstörte Alt Schauenburg.

Wissenswertes

1.6 km Grenzstein BL/SO.
3.9 km Bad Schauenburg.
5.2 km Schauenburgflue mit Aussicht über Liestal, Lausen und Sissach.
6.0 km Burgruine Alt Schauenburg.

Einkehrmöglichkeit: Restaurants Bad Schauenburg und Zum Schauenegg.

Beim Erdbeben von Basel 1356 wurde Alt Schauenburg zerstört und danach aufgegeben. Die Ruine geriet in Vergessenheit und wurde erst 1976/77 ausgegraben und sanft restauriert. Die damals ebenfalls beschädigte Neu Schauenburg wurde hingegen wiederaufgebaut, später aber verlassen.

Routenbeschrieb

Ab der Bushaltestelle Gempen Dorf laufen wir auf der Hauptstrasse zum Waldrand und in den Haglenweg. Vorbei am Forstbetrieb Dorneckberg überqueren wir den Baselweg und halten uns rechts dem Waldrand entlang. Nun wandern wir längs der Geländekante, stossen auf die Grenze zwischen Solothurn und Baselland und folgen dieser. Nach 60 m zweigen wir rechts in einen unscheinbaren Pfad ab und erreichen Punkt 633 🔵. Dort befindet sich die Rappeflue mit einer prächtigen Aussicht: rechts der weite Bogen des Gempenplateaus, links davon die Bezirke Liestal und Sissach im Tafeljura eingebettet. Wir verlassen die Rappeflue und kommen über die Schönmattstrasse und den Waldweg zum Bad Schauenburg. Hier wenden wir uns nach Norden, steigen zur Schauenburgflue hinauf und geniessen den grandiosen Rundblick. Der Weg führt weiter zur Burgruine Alt Schauenburg und über die Stollenhäuser zurück nach Gempen.

Trauer-Rosenkäfer ernähren sich von Blütenpollen.

Unsere Sponsoren

Barell Dominik, Physiotherapie	Laufen
Basellandschaftliche Kantonalbank	Laufen
BOHA AG	Dittingen
EGK-Gesundheitskasse	Laufen
Emil und Rosa Richterich-Beck Stiftung	Laufen
Forum Schwarzbubenland	Dornach
Gerster Hozbau AG	Nunningen
Holzherr Remo und Annekatrin	Breitenbach
Jeker-Bäckerei und Shop	Büsserach
Johann Volonté AG	Nunningen
Keramik Laufen AG	Laufen
Landgasthof Weisses Kreuz	Breitenbach
Metallbau Gasser GmbH	Nunningen
Physio Hell	Breitenbach
Raiffeisenbank Laufental-Thierstein	Laufen
Rest. Frohsinn, Roger Henz	Nunningen
Rest. Kreuz, Stefan Schaffter	Metzerlen
Rest. Lindenhof AG	Mariastein
Scherrer H. und L.	Büsserach
Schwarzbuebe-Apotheke	Breitenbach
Schweiz. Mobiliarversicherungsgesellschaft	Aesch
Severin Borer AG	Büsserach
Sportshop Karrer AG	Laufen
Stebler Böden GmbH	Nunningen
Stich AG Stichsolar	Kleinlützel
Swisslos-Fonds Kt. Basel-Landschaft	Liestal
Terra Nova GmbH	Breitenbach
Valiant Bank AG	Laufen
Verkehrsverein (VVL) Laufen	Laufen
Volonté Claude und Claudia	Nunningen

RICOLA ERLEBNISSHOP LAUFEN

Über 20 verschiedene Geschmackssorten

ricola.ch/shop

**AMTHAUSGASSE 3
4242 LAUFEN**

**Viel Wissens- und Sehenswertes
über das Schwarzbubenland
finden Sie auch auf unserer
Webseite:**

www.schwarzbubenland.info

**Wir wünschen Ihnen viel
Vergnügen beim Erkunden.**

schwarzbubenland
region | wirtschaft | tourismus | kultur

Das Forum Schwarzbubenland steht ein für Wirtschaft, Kultur, Tourismus und regionale Zusammenarbeit in der Region Dorneck-Thierstein.

Wenn deine Gesundheit keine halben Sachen mag.

Komplementärmedizin ist Teil unserer DNA.

EGK-Gesundheitskasse
Agentur Laufen, Birspark 1, 4242 Laufen
laufen@egk.ch, T: 061 765 55 11, egk.ch